女生要革命

自分革命の起こし方

本来の輝きを取り戻し、
幸せな恋愛とブレない私を手に入れる魔法

找回耀眼自信，活得閃閃發光，
讓戀愛與人生心想事成！

ILTY——著　周奕君——譯

前言

大家好，我是ILTY，目前經常透過YouTube，向廣大的閱聽網友分享何謂**「心理機制」**。

我認為自己是「努力不懈的女性與孩子們的夥伴」。為了讓廣大的女性能夠露出幸福笑容，我一邊傳達以下的想法，並喊出**「女生要革命」**的口號，來鼓勵世界上所有女性。

- **找回真正的妳！**
- **成為光明正大且閃閃發光的女生！**
- **成為從容自信的獨立女生！**

我曾經在許多活動中幫許多人進行諮商，其中大多是女性常見的戀愛煩惱、人際關係困擾，也遇過不少親子間的教養問題。無論是哪一種，都可以運用「心理機制」來一一解決。

我在各式各樣的諮商中察覺到一件事，那就是煩惱的女性們都面臨一個共通的問題，但只要試著去改善這個問題，就能夠和**「喜歡的人結婚」「建立良好的的伴侶關係」**，同時真正地**「做自己」**，並且逐漸**「習得解決問題的能力」**。

平常的我，總是以人生教練的角色幫助許多女性，例如怎麼做才能開啟一段感情？怎樣才能從根本上解決困境，走向沒有煩惱的人生？如何修復親子關係？諸如此類各式各樣的煩惱，我會直接傳授對方解決這些煩惱的方法。在這本書中，我也將擔任各位的人生教練，以「心理機制」為主軸，帶妳找回原本閃閃發亮的自己。

大部分女性的煩惱或痛苦，其實都來自於過度努力，也就是說，她們總是採取「有志者事竟成」的態度來面對眼前的問題。可是，內心雖然不斷想著「一定要做點什麼才行」，卻因為不知道正確方法，反而讓事態更加惡化。我看過很多這樣的案例。

或許妳也曾經因此感到不知所措，難過地想著：「事情不應該變成這樣的……」

儘管經歷許多悲傷的事，但一切到此為止！

其實人生啊，不如人們所想的那樣，每一個人都可以輕鬆地讓人生瞬間發生改變。我在書中會詳細解說以下幾個重點：

●讓自己無條件被愛，擁有幸福戀情的方法

●為了迎接幸福，正視自己自尊心的方法

●放下潛意識中自己一定會變得不幸的偏見

●找回原本的自己，改變人生的方法（自我革命）

知道自己現在的狀態，知道自己原本的狀態，以及未來想成為怎樣的自己。要實現這一點，現在的自己該怎麼做？請拿起這本書的妳，從書中找出這些問題的答案。

透過「自我革命」，可以讓如今的妳擺脫迷惘和苦惱，同時讓妳的人生熠熠發光。

為了妳心中那個重要的人，請活用「心靈機制」，從自身開始改變，然後邁步走向妳眼中幸福的道路。

ILTY

自我革命地圖

要想實現「自我革命」，請沿著本書內容製作的地圖路線前進。當妳在路上感到迷惘困惑，再回來看看這分地圖，重新確認自己學到了什麼。上路吧，一起找回原本的自己！

START

1 為什麼我每次談戀愛都不順利？

→ 因為妳缺乏自信。

前進 P.17

2 了解妳的「心靈機制」

→ 理解內心特質，9 成的煩惱都能解決！

前進 P.63

3 缺乏自信的原因

身處環境與時代背景有著很大的影響！但妳連 1 mm 都挑不出毛病。

前進 P.85

4 為了察覺真正的愛

克服心理創傷、直面毒親與無法原諒的人們。

前進 P.105

5 煩惱不休的理由只有一個

「成見」只會造成麻煩。改寫妳「理解事物的規則」。

前進 P.165

6 自我革命：找回本就耀眼發光的自己

擁有美好戀情、變得溫柔又堅定，
然後邁向安心滿足的人生。

前進 P.239

GOAL!!

目次

第一章

為什麼妳總是和喜歡的人擦身而過

第二章

運用「心靈機制」，讓戀愛與人生心想事成

第二章

為什麼妳的自尊心很低呢？

第四章 如何與自尊心打交道

第五章 排除成見？

第六章
自我革命吧！

第一章

為什麼
妳總是和喜歡的人
擦身而過？

不管內心在煩惱什麼，煩惱只有兩種本質

我從以前就公開聲明，我所舉辦的活動都是為了成為「努力不懈的女性與孩子們的夥伴」，也承蒙大家的信賴，許多女性紛紛前來尋求我的幫助與諮商。

目前我諮商過的案件，直接面談的數量就超過一萬件之多，諮商內容則大多圍繞在「男女關係」上。當然，每個人遇到的煩惱不盡相同，但無論是哪一種煩惱，仔細探究後都可以歸納成以下幾項：

- **搞不懂男生在想什麼！**
- **他的思考邏輯到底是什麼？**
- **無法理解男生的行動！**

我在諮商過程中，聽到的幾乎都是「男生的言行舉止太奇怪了」，

或是**「和對方合不來的實際原因」**這類困擾。

在念國中或高中的時候，女生常常會抱怨同班的男同學：「又來了！男生真的很奇怪耶！」

但是說到底，雖然很多女生搞不懂男孩子的心理，回家後也不至於為此煩惱到睡不著。

可一旦談了戀愛，卻會不分早晚猛敲閨密討論對方到底在想什麼，到了深夜還在網路上搜尋「掌握男性心理的終極攻略」等戀愛技巧，這樣的女性非常非常多。

很多人以為癥結在於「女生不懂男生心理」，但其實那只是表面上的煩惱。事實上，女生的煩惱本質只有兩種：

1 感覺不被（任何人）愛

2 感覺（自己）不夠好

第一種「感覺不被愛」的對象非常多，從父母、老公、男朋友，或是現在有好感的男性都包括在內。

儘管內心真正的想法是想被愛，腦中卻自行製造出「說不定沒有被愛」的煩惱；明明很想知道「如果想被愛，到底該怎麼做」，做出的行動卻又與這個念頭的本質背道而馳，一點都不坦率，或是責備對方，或是脫口說出傷人的話……到頭來，和對方的關係反而變得愈來愈糟——很多人都陷入了這樣的惡性循環。

第二種「感覺自己不夠好」的人，則來自幾種特定情況：

・或許是不被欣賞
・或許是不被認同
・或許是不受喜愛
・或許是不被期待

也有一些情況是**感覺別人「沒有給予自己什麼」**：

・覺得自己沒有獲得滿足
・對自己感到不滿意
・覺得自己的實力不夠
・覺得自己運氣不佳
・覺得自己缺乏魅力

這些情況都會造成**自己覺得自己「不夠好」**。

ILTY VOICE

雖然男生的許多言行舉止令人難以理解，
但仔細深究之後會發現，答案其實出乎意料的簡單。
所以，不須要去煩惱這些不必要的煩惱喔♪

被「男性」牽著鼻子走的真正理由

來到我YouTube頻道的觀眾，大部分是深陷戀愛煩惱的女性。直播聊天室裡網友的提問，也有九成和戀愛有關。

這些提問不外乎是「我不知道他在想什麼」「我想知道他內心真正的想法」「我喜歡的人對我有感覺嗎？」「這種言行的男生會是我的『正緣』嗎？」這類**「把焦點放在男生身上的問題」**。

另一方面，也有一些像是「怎麼做才能讓自己更有自信？」「如果希望他也喜歡自己，應該對他傳達出哪些訊息？」「請告訴我最合適的告白方法」等等**「把焦點放在自己身上的問題」**。

從我長期接受煩惱諮詢的觀點來看，提出像前者那種**「把焦點放在男生身上的問題」**的人，往往會表現出幾種傾向：「每次談戀愛都不順利」「被對方玩玩就甩掉」「男生並不是真心把自己當成交往對象」，也就是容易被男性耍得團團轉。

那麼，為什麼這些女生容易被男性耍得團團轉呢？有兩個原因：

第一個原因是：「容易被男性玩弄感情的女性，往往對自己的意見和行動缺乏自信」。

「我這樣好嗎？」「我說的話是正確的嗎？」「現在這麼做對嗎？」這些女生總是焦慮地尋求正確答案，因此對於男生的發言或行動，內心通常滿懷忐忑、時喜時憂。

更進一步挖掘「對自己缺乏自信」的原因，會發現有以下幾種理由：「無法承受犯錯時造成的傷害」「一旦變得沮喪就提不起勁做任何事」「不想感到尷尬」。

也就是說，**缺乏自信真正的原因其實是：「害怕受傷」**。

人們在經歷過失敗之後，為了下一次成功，會牢記這一次失敗的教訓。在商場上，或許可以透過「深切反省、改善，找出最佳答案」這樣的思考邏輯來導出最佳解方。可是在各種人際關係、感情關係中，並不存在所謂的「正確答案」。

就算將上一次戀愛的失敗經驗用在下一次的戀愛，也未必會對下一次的戀愛有幫助。所以，許多女性依舊不明白感情始終不順遂的真正原因，反而回過頭來一味地責怪自己。

而經歷過痛苦自責時期的女性，大多會下定決心：「我絕對不想再談一次那種戀愛了！」並努力追求不會失敗的感情關係。為了避免失敗、避免自己受到傷害，她們會更想知道改變男生的方法。

換個角度來說就是：**「只想知道怎麼做不會讓自己受傷！」**

對於「主動告白怎麼樣？」「主動約見面進展會更快？」這類建議，她們絕對不屑一顧，有時說多了，還會對我大發脾氣（以前我在YouTube上直播時真的發生過好幾次（笑））。

缺乏自信的女性會盡一切可能避免自己受傷，在潛意識裡，為感情上了重重「保險」。

舉例來說，在「他可能也喜歡我！」的期待值有八〇％與只有一〇％的情況下，如果最後他喜歡的不是「我」，而是「其他女生」，是期待值高的八〇％給自己的傷害比較大？還是期待值低的一〇％傷害比較大？

一旦抱著過高的期待，當現實不如預期，反撲而來的衝擊會非常大。

所以，**缺乏自信的女性為了避免受傷，往往只會讓自己對一段可能的感情懷著最小的期待值。**

對於這些女生而言，期待過高卻落空的失敗經驗太恐怖了，因此她們嘴上會一邊說自己毫不期待，同時去尋找「對方有多喜歡自己」的證據，以及「喜歡自己才有的行動」，好確認自己到底是不是對方眼中的「本命」。

到頭來，其中的某些女性，比起「他也對我有感覺，我就是他的本命沒錯！」「太好了～終於可以安心了」這種兩情相悅的喜悅，她們更會因為「自己不會受傷！」的安心與放心而感到慶幸。

ILTY VOICE

如果在戀愛中極度「害怕受傷」，
就會不斷期待對方按照自己預期的反應行動。

但是，就算是不符合自己預期的狀況，
也不要太過擔心，保持平常心就好！

尋找「他也喜歡我嗎？」的證據

對戀愛缺乏自信的女性，並不是真的「不期待對方的回應」，而是因為害怕受傷，才「不想去期待對方的回應」。而這種態度，或許正反映出了「對自己也不抱任何期待」的心理。

「我對自己沒有信心」「我的能力很差」「從來沒有成功過所以很害怕」，先用這些理由給自己臺階下、降低對自己的期待值，如此一來，就算失敗了，造成的傷害也會減至最小，就這樣一邊隱隱懷抱著期待，一邊表現出沒有安全感的模樣。

我通常把這種行為叫做**「誇耀不幸」**。

我們在學生時代，班上必定會有這種同學，每次都說：「今天的考試我都沒準備～怎麼辦？」結果成績卻名列前茅，這種情況就符合前文所提到的心理。「今天的考試我都沒準備～」先給可能的測驗結果臺階下，確保成績就算不如預期，對自己造成的傷害也會降到最低。

相較於那些同樣挑燈夜戰讀書的同學，幹勁十足地說著：「這次的考試我可是準備很久了！絕對會拿到好成績！」卻只拿了差強人意的分數，而且大家都知道他熬夜的努力全泡湯了，這麼大的恥辱對這些人而言實在難以承受。其實這都是出於「缺乏自信」的心態，基於這種心態，才會有前述的言論與行動。

回到正題，**像這樣不斷為自己「買保險」的做法，最優先考量的都是在感情上的自我保護**。對於有好感的男生，努力在不會受傷且想被對方喜愛的情況下，小心地去**「探索兩人關係的正確答案」**，以至於在應對男生的任何談話與行動時，都變得如履薄冰、戰戰兢兢。

「呀～他跟我打招呼了！」「他看著我的眼睛向我道謝～！」「不到五分鐘就回我LINE了～！」「他連續三天都回我訊息～！」等等，有些女生會因為這些「他可能也喜歡我」的「證據」，而感到雀躍不已。

可是之後又會因為「他今天怎麼對我這麼冷淡……」「他和別的女生聊天時好像比較開心……」「怎麼還沒回我LINE……」這些「其實他對我沒感覺？」的「證據」而心情跌落谷底。

就像這樣，許多女生**表面上一副不在意對方回應、暗地裡卻密切觀察男生的一舉一動。而且她們往往會過度執著於追逐「他喜歡我嗎？還是不喜歡我？」的各種證據，讓自己變得疲憊不堪**。

如此一來，腦袋裡想的就全是對方的事。我看過很多諮商女性，在這種**「單純曝光效應」（腦內接觸）**的心理學現象影響下，反而變得「不知道為什麼愈來愈喜歡他」「每天都很在意他」。

很多女性由於過度害怕自己在感情上受傷，又不敢直面對方的回應，於是一味地「尋找對方也喜歡自己的證據」。但這不僅僅是浪費自己的時間，也只會讓心情隨著對方繼續起伏不定罷了。

ILTY VOICE

許多為戀愛煩惱的女性，
都是「以交往為目標」。

但是，與其執著於對方到底喜不喜歡自己，
不妨先想想，妳想和對方一起做什麼事呢？
坦率地順從自己的心情很重要！

不相信另一半的「愛操心女生」

在前一節，我和大家說明了「缺乏自信」導致戀愛不順遂的原因。而缺乏自信的心理，換個說法其實就是無法相信自己」。

在愛情裡，女生之所以老是被男生牽著鼻子走，其中一個原因就是：「不相信對方」。

這種情況往往會在體貼的人身上看到。**正因為喜歡對方，內心就會浮現「想要他變得更好」的念頭，於是出現許多**「我要讓他改變！」的行為。

不過，「改變對方」「想讓他更好」這種想法，換個角度來看就是「我覺得現在的他不好」「目前的他還不夠好」不是嗎？而這種女生也容易在母性的加持下，對男生懷抱著「我不能不為他做點什麼」的奉獻心理。

在女生眼中「無條件的愛」，看在男生眼裡卻成了「不被信任」

「不被尊重」「否定現在的自己」的受傷感受。

當妳擺出了「不相信對方」「他自己一個人就是做不到」這種態度，男生在妳面前就會顯得愈來愈彆扭，也無法對妳坦率表達出內心真正的感受。

但是，已經投入感情的妳，在面對並未明顯表現出排斥的對方時仍會懷著期待：「再多努力一點，他就會懂！」「能夠付出這麼多、總是為他幸福著想的我，總有一天會和他幸福在一起！」明明就不相信對方，卻抱著無來由的自信，一頭熱地為「妳和他的未來」努力——

於是慢慢地，理想和現實漸行漸遠，彼此之間的關係也停滯在喜歡歸喜歡，卻不順遂的局面。最終不是雙方面臨分手，就是妳覺得對方只是個玩弄感情的渣男（雖然很可能只是被害妄想）。

曾經有男性諮商者在面談時對我說：「其實這樣讓我很困擾呢……」無論如何，**比起讓男生一臉為難地對外求援，女生還不如少操**

一點這種無謂的心才是聰明的做法。

就像孩子在面對過度保護自己的母親時，有時也會覺得厭煩或感到鬱悶。但說到底，母親之所以對孩子出現過度保護的心理，原因也是來自於不信任孩子。「我要是不看著他，這孩子自己什麼都做不了！」有些母親會把孩子視為「無能的孩子」來養育，導致孩子在成長過程中變得討厭父母，同時長成沒有自信的大人。

而理所當然地，如果妳將這番操心用在根本還沒交往的男性身上，就只會得到反效果而已。**正因為我們談的是愛情，這麼做只會將對方推得愈來愈遠。**

我認為，這恰好印證了「喜歡的人總是轉身離開，不喜歡的人卻不知為何喜歡上自己」這句話。妳明明相當吸引人，卻因為「愛操心」而讓那些妳有好感的人對妳敬而遠之，反而是那些妳沒興趣操心的對象，卻感受到了妳的魅力。

這樣的妳會過於主動地給予對方各種建議：「這樣比較好喔」「一

定要這樣做唷」。

可一旦男生沒有接受妳的建議，或是消極回應，妳就會一個人生起氣來，嘴上還不住埋怨：「我可是特別為你著想耶。」對吧？

到頭來，妳會在心裡累積對男生的怒氣，變得焦躁易怒，甚至讓彼此的關係出現衝突。

於是在不知不覺間，妳會愈來愈否定且不信任對方。

而當妳潛意識裡這種聲音愈來愈大，最終妳也會被對方否定。

如果讀到這裡讓妳想起了過去的經歷，建議之後和對方相處時務必留意這一點。

ILTY VOICE

與對方的關係惡化，
或許問題並不在對方身上。

若妳不去面對自我，
可能就會忘了內心最真實的感受。

男女之間總是錯過的主要原因

談了「女生往往在感情中『任男生擺布』的理由」，接下來要說明為什麼，「男生與女生總是擦身而過的主要原因」。

能夠確實認知到男女之間為何總是錯過的根本原因，對於往後在感情上不再被對方牽著鼻子走、真正做自己，以及走入穩定的關係，都非常重要。

男女之間與愛情擦身而過的其中一個理由就是：看不見的「價值觀差異」。

例如**在「依賴」上的價值觀差異**。

在一段戀愛關係中，有時是女性依賴男性，有時是男性依賴女性。當問起女性依賴另一半的原因，理由不外乎是「想要被愛」「害怕連結與羈絆消失」「不允許自己感情不幸福」「想透過戀愛來滿足自己」這類**從寂寞出發的依賴需求**。

另一方面，男性依賴另一半的原因則包括「會有特殊待遇」「想獲得『男朋友』的頭銜」「對人際交往有幫助」等等，這些理由大多是出於「虛榮心」（當然也有男女理由對調的例子）。

如果光從「依賴」這種行動來看，通常會給人緊抓不放的印象，不過，就**連對「依賴」概念的認知，也會隨著男性或女性的不同、甚至每一個人價值觀或是出發立場的不同而有所差異**。

這樣的差異，可以說是避免男女關係發生問題，絕對不能忽視的要素。

在此向大家分享一些有意思的案例。有些女生在諮商時會問我：「認識他之後，我們差不多約會了五次，他對我說他喜歡我。可是既然喜歡，為什麼不直接說要跟我交往呢？」其實，男生的話語中隱藏著耐

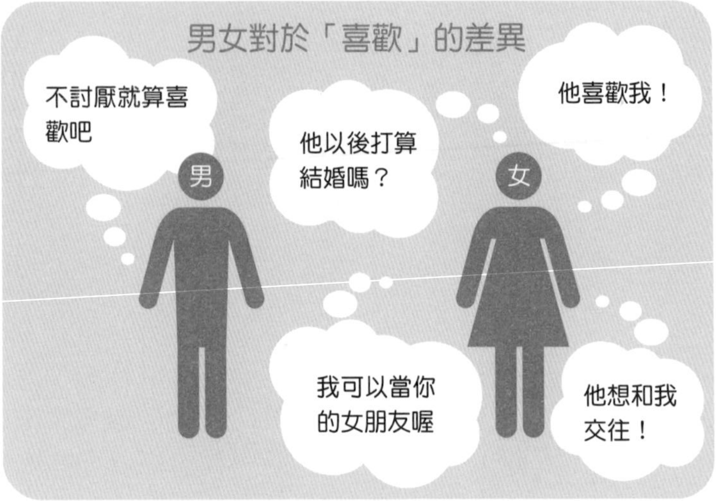
男女對於「喜歡」的差異
不討厭就算喜歡吧
男
他以後打算結婚嗎？
他喜歡我！
女
我可以當你的女朋友喔
他想和我交往！

人尋味卻容易被忽略的答案。

「他說他喜歡我」，大家聽到這句話時會怎麼想呢？

「那個男生因為喜歡那個女生，想和她交往，所以才這麼說的吧？」如果妳認為男生是這麼想的，那可要小心了。

其實光從男生這句話，女生根本無從判斷對方究竟喜歡自己到何種程度，但儘管如此，女生往往還是會**一廂情願地認定**「他口中的喜歡，是想要跟我交往的喜歡」。

這是一個實際的諮商案

例。那個女生對我說，當她進一步去試探喜歡的男生，問他：「你有多喜歡我？」男生卻只含糊地回她：「這個嘛，很喜歡啊。」

於是我建議那個女生，「下次你們見面時，妳不妨這樣問他」：

「如果說喜歡到想交往的程度是一〇〇％，你現在對我的喜歡是多少％呢？」

聽到女生這麼問，男生就支支吾吾地說：「嗯……大概是……七〇％吧。」

可見，就算說了「喜歡」，也不等同於「想交往」。這麼一來，當然也不存在所謂的告白嘍。

整體而言，**大部分女性往往會自行片面解讀男性的反應，並為此煩惱不已**。

接下來，讓我們更進一步找出「錯過」的原因。

彼此有好感的男女為何會錯過呢?這是因為**男生與女生對於「喜歡」的定義不同。女生大多認為「喜歡＝想交往」;男生的立場則通常是「喜歡＝單純喜歡妳這個人」。**

對於「喜歡」的定義因人而異,並沒有所謂好壞的區別。**但是如果無法從「心靈機制」出發,並嘗試去理解「說的再多都沒用,只有實際行動才是真心話」的本質,男女關係就容易出現問題。**

所以,為了避免因為與重視的人認知不同而受傷,我建議不妨**與對方確認「話語的定義」**。

明確地詢問對方說:「我啊,覺得『喜歡＝想交往』,但也想知道你說『喜歡我』是什麼意思?」或是「你是依照什麼樣的標準,來判斷要不要和一個女生交往呢?」

●開誠布公表明自己的價值觀

● 確認彼此的價值觀

做到這兩點，可以讓你們磨合不同的價值觀，這在男女之間的互動上非常重要。

ILTY VOICE

正因為每個人的出身背景與成長環境都不同，
所以無法武斷做出「事情肯定是這樣沒錯！」的結論。
不如試著將對方當成一個和自己截然不同的人來相處吧！
當接收到陌生的知識，起初或許會覺得游移而畏懼不前，
但如果妳真的喜歡對方，就請先跨出這第一步吧。

只要「向對方確認」就能輕鬆解決

缺乏自信的女生，每當遇到男女價值觀出現落差的困擾，往往會為了一勞永逸，寧可改變自己的價值觀去配合對方，但又因為擔心對方的反應，通常不願意直接溝通，對於向對方確認一事也覺得很麻煩。

也有些人是出於「不願面對現實」「害怕受傷」「不想覺得尷尬」等原因，以至於疏忽了向對方確認。

這些都是我遇過的案例，關係發展到最後卻因此出現問題的男女，真的非常多。

關於這一點，我再用一個簡單的例子來說明。

這雖然與主題有些不相關，但大家認為「中午」是幾點呢？

要是男生A認為「中午是十二點」，女生B認為「中午是早上十一～下午一點」，當這對男女透過信件約定「明天中午在公園等喔！」之後，結果會發生什麼事呢？

女生B擔心會遲到，十一點左右就抵達公園，但男生A遲遲不見身影。女生B耐著性子等到十二點，男生A終於來了，可是男生A認為自己準時赴約，並沒有故意讓女生等待。

從女生的角度來看，眼前的男生讓她足足等了一個小時，卻不打算向她道歉。

從男生的角度來看，明明自己沒做錯什麼，女生卻莫名發起了脾氣。問她：「我做錯了什麼嗎？」她也不說……。

以上雖然是比較極端的例子，但其實男女之間的衝突，往往是由這種看起來枝微末節的分歧所點燃的。

沒有具體向對方確認過，就主觀而片面地去理解對方的反應，很容易陷入負面情緒的漩渦，也成了一段感情裡「錯過」的主要原因。

「對方的真心話是什麼？」「他真正的想法是什麼？」「他到底是

怎麼想的呢？」若不嘗試向對方確認，而是一個人獨自隱忍著情緒，就算內心糾結沮喪依舊毫無行動，終究會讓彼此之間的鴻溝愈來愈深，關係日趨惡化。

即使說到這個地步，我還是常常聽到女性這麼抱怨：「就是因為無法向對方確認，才會這麼煩惱呀！」

正在閱讀這本書的讀者中想必也有人「完全無法理解男友的行動」「一直以來深受男生的言論困擾」，甚至與對方「因為錯過就再也不相見了」，對吧？

可是內心的這個疙瘩，既找不出明確的答案，連向對方確認也做不到，或許就只能茫然地接受這一切，抱著疑惑與不安度日。

這種疙瘩就像是有人出了一道謎題，當你絞盡腦汁好不容易解開之後，卻沒人公布正確答案。

可是在人際關係上，人們往往會選擇將這些疙瘩隱藏在心裡。

想知道謎題的解答，直接問就好了，但為何一談到戀愛，腦中就只會浮上「說不定問了會被討厭？」「看來真的是偷吃吧？」這些負面想法呢？

當人們遭遇到攸關生命的危險，會積極採取自我防衛的姿態，尤其是女性。女性格外重視溝通，因為擔心破壞人際間的連結，通常會有「只要我忍下來就好了」的心態。

結果只會任憑腦中的想像和解釋在原地打轉，不去確認對方內心真實的想法，就這樣繼續逃避、忍耐、感到沮喪，長年沉浸在痛苦中。

前面說了這麼多，歸結起來，我要告訴大家的其實是，**男女思維雖然存在差異**，但是**包括價值觀以及對事物在看法上的分歧，「性別都不是影響溝通的重要因素」**。

有些男性擁有女性某一面向的特質，有些女性也會流露出男性的特質，儘管性別的確帶來了差異，但是在解開誤會或避免雙方失去交集上，基本上只須要彼此溝通磨合就可以解決。

接下來就剩下**自己能否充分理解對方。可以先在內心自問：「我可以接受嗎？」然後為了理解彼此的價值觀而努力**。在搞不懂對方的價值觀而感到沮喪失落之前，不妨先試著釐清自己的價值觀，然後坦率地向對方說出自己的想法。

話雖這麼說，但我非常能夠理解女生吐出「真的不懂這些男生耶！」這句話的心情。換個說法就是：「有時間上網滑手機，回個訊息很難嗎！」（笑）。

不過，很多不愛回訊息的男生，其實只是出於「個性上怕麻煩」「光是要發一篇文章都可以苦惱兩個小時以上」「害怕縮短交際中的心理距離」「討厭變得像工作一樣，所以不愛回訊」等原因，建議最好還是問過對方，實際確認其真實的想法。

我也聽過女生抱怨男方「就算問了也不會說」，但那很可能是因為彼此之間還沒建立起足夠的信賴關係。而**要建立信賴關係，首先要從自己做起，開誠布公說清楚自己的想法，兩人的關係才能更進一步**。

戀愛之所以不順遂，或是總覺得自己不被愛，也許都是來自於妳下意識不去看「關係的本質」，不試著向對方確認內心的疑惑，並打從心底不願面對本質。

女生在戀愛中總是莫名地希望做到一百分，卻又不知道怎麼做到一百分，只好懷著困惑獨自努力，就這樣在不知不覺中親手破壞了一段關係……。

事實上，確認彼此價值觀這種擺脫主觀偏見的做法並不限於戀愛關係，包括親子關係、朋友關係、職場關係，無論自身處境為何，或往來的對象是誰，都很可能產生誤解。

男生就是會那樣，或是女生都這樣，老是用這麼簡單的二分法是非常危險的。每一個人都會因為自身的個性與生長環境，而形成相異的思維模式。擺脫「男生就是會那樣」和「女生都這樣」的偏囿，試著努力去理解站在眼前的那個人吧。如果內心能夠這麼想，溝通就會變得非常容易又輕鬆。只因為性別上的刻板印象就失去思考與判斷能力，那實在太可惜了。

ILTY VOICE

有些人可能還是會擔心，
試著向對方確認會被拒絕，或是說出真心話反倒被對方討厭。
若是如此，不用現在就開始也沒關係，
請依照自己的步調，一點一點慢慢確認就好。

男女間「錯過」的原因不只出自「大腦」

我們可以在一些網路文章或YouTube影片中，看到對於「戀愛男女之間的誤解，原因出於男女的腦部構造差異」這個主題的討論。雖然我在前面提過，「性別不是影響溝通的重要因素」，但是兩性之間當然有差異。很多人會說：「**男性腦**與**女性腦**的構造不同，而正是這一點，容易讓感情關係亮起紅燈。」但我認為，還有其他的關鍵因素：

- 男性腦、女性腦的差異
- 男性性、女性性的差異
- 父性、母性的差異

「男性腦、女性腦」指的是男女大腦構造上的差異；「男性性、女性性」則是指男女在心理、精神層面上的差異，或是歷史上所見男女間

的差異；而所謂的「父性、母性」是不同本性對待孩童的行為差異。各種差異的複雜組合，都被認為是男女關係中產生誤解的原因。

事實上，即便同樣是男性或女性，也可能基於現場狀況、自身判斷與價值觀等因素，做出不同的行動。例如有的女生會抱怨自己的男友「工作時是一個樣子」「在朋友面前是一個樣子」「在其他女生面前又是另一個樣子」，可是「為什麼只在我面前擺出那種態度！」並為此忿忿不平。也就是說，對方只在談戀愛時有狀況，日常生活或待人處事都具有同理心，也懂得體貼別人。

舉例來說，在公司中身段相當柔軟、對公司忠心耿耿的人，回到家裡卻會擺出「大爺」的姿態，對父母自吹自擂，甚至在親近的人面前大罵上司或朋友……，這些其實都是「男性腦」「男性性」「父性」等複**雜因素相互影響的結果。**

ILTY VOICE

有時候，我們會因為「為什麼他這麼不了解我！」而感到傷心。
但是說不定對方也和妳一樣，
因為妳怎麼一點也不懂他而感到心情低落。
所以，不須要一味地自責或是責怪對方。

放下「成見」，就能看見對方的本質

男性腦與女性腦的差異眾說紛紜，但比較為人所知的有以下幾點：**男性主要使用的左腦較為發達，主司邏輯思考，在空間認知能力、理性判斷事物的能力上較具優勢。**

女性則是右腦更為發達，右腦主司感情、直覺、感官知覺，具有優秀的共感能力與情感轉移能力。

一時間難以簡單說明，不過一直以來，我都在YouTube上告訴大家：**「男性腦與女性腦，就像海豚與螳螂的不同。」**（笑）。

另一方面，談到「男性性」「女性性」，換個說法就是「像男生的樣子」「像女生的樣子」，主要以表現於外的內在特質做出區分：

・男性性強的男性
・女性性強的男性
・女性性強的女性
・男性性強的女性

下面要說的是很久很久以前的事，那是早在有文明出現之前，當時男人外出漁獵，保障部落生存，女人則待在家裡，扮演守護族人與孩子的角色。

當然，一旦男人們毫無所獲，整個部落就沒有飯吃，所以無論遇上多凶猛危險的動物，都得想盡辦法獵捕成功。這也的確符合現代社會中「男人必須外出賺錢養家」的刻板觀念。

而女人雖然不用狩獵，卻得扛起守護部落群體的任務。那個時代可不像現在大部分是核心家庭（人口少），幾乎每個家族都多達十餘人，族裡的女人要一邊團結眾人，一邊哺育孩童。

女人沒有獵殺動物的力氣，所以待在家裡，守著男人會歸來的地方。當時沒有現代的瓦斯或電力系統，自然也沒有足可遮蔽風雨的大房子，所以人們為了活下去，必須群居在一起互助生存。

那是一個不存在現代人這種獨居生活的時代，離開群體幾乎必然會死。為了遠離災難、守住部落、保護重要的後代，女性有著高度的溝通協調能力。

「與眾人協調的能力」「同理群體情感的共感力」「保護孩子的判斷力」「光從孩子表現於外的感覺就能掌握孩子的身體狀況」等等，為了守護家園，女性提升了自己在這些面向上的能力。

這些都是屬於女性的內在特質，而這類特質較強的人，就是前面提到的「女性性強的人」。

從另一個角度來看，男性在守護家園上也非常重要。「狩獵時須具

備的攻擊性與積極性」「狩獵時一旦分心交談容易讓獵物逃跑，因而多半沉默寡言」「守護族人須具備的智識」「決斷力與危機管理能力」「緊急時刻為群體或家人挺身而出的自我犧牲情操」等等，其中能夠展現出更強大力量的人，就是領導者。這類男性特質較強的人即屬於「男性性強的人」。

但是就如我之前說明過的，現代社會中有男性性強的女性，也有女性性強的男性，「男生都這樣」「女生都這樣」的說法絕對不適用於所有人身上。

從各式各樣的舉例說明，我們也可以將所謂男性性、女性性概括為「性格」的一環。

接下來要說明「父性」與「母性」的特質。

在社會上，基本上我們常常會在談話中聽到有人用「你的母性很強！」來形容一個人，可是卻幾乎沒有聽過「你的父性很強！」這種說法吧？

所謂的母性，指的自然是如同母親對待孩子的姿態，也就是類似「給予無條件的愛」「讓我照顧你」「想伸出援手」「接受並包容孩子」「支持並信任孩子」這樣的形象。

簡單來說，**母性就是母親對孩子的「情感表現」**。

而**父性，當然也是父親對孩子的「情感表現」**。父親透過「以身作則」「教孩子分辨是非善惡」「傳授知識或技能」「為人處世之道」「引導孩子走向成功」，來展現自己身為父親的責任，這即是父性的表現。

在這當中，有母性較強的男性，也有父性較強、對孩子以身作則的女性。

儘管我們統稱這些特質為母性或父性，但其實兩者之間只存在價值觀的不同，如同男性性和女性性一樣，幾乎無涉於性別差異。

起初，就算我們沒有在自己父母耳濡目染下學習到母性或父性，也會向比自己年長的熟人、朋友或交往對象學習。成長於單親家庭的男性，除了母親之外，也會在出社會後遇見的年長男性身上感受到父性，並學習到男性性。

但也有不好的案例。有些人的內心懷有扭曲的母性或父性，往往會說出「我這麼做都是為了你！」這種話，進而支配孩子、朋友、另一半，甚至是自己的下屬。這些人會將自己的價值觀強加在別人身上，讓這種錯誤的母性或父性成為擺布周遭人事的工具。

再回到原本的主題，**雖然人們容易抱著「男生都這樣」「女生都這樣」這種先入為主的成見或既有的價值觀（當然，有時候的確適用）。但是請記住，事情往往沒這麼簡單。**

有趣的是，儘管有些男性「容易在朋友面前流露母性」，或是「在職場中具有較強烈的女性性」，但「在戀愛中反而是男性腦占上風」。所以人也會隨著不同的條件與環境，展現出不同的特質。

有的男人結婚當上爸爸之後，竟然搖身一變「讓女性性接手主導，成為任勞任怨的男性」。

很多女生覺得自己不懂男生在想什麼，並且為此煩惱不已。對方是在怎樣的家庭中長大的呢？是在怎樣的環境或處境下成長的呢？種種因素都會影響對方的價值觀，以至於職場上的待人接物與人際關係。傾向男性性，還是女性性？母性優位或父性優位？隨著內在特質的差異，所衍生的思考與言行舉止也會有所不同。

在戀愛中，無論過去看過多少相關的書籍或影劇，無論曾經找誰諮詢感情困擾，我們看待戀愛的方式與價值觀都會改變。

即便是男性性較強的男生，也可能在成長環境中「被要求表現出女性特質」「被教育要無條件去愛周遭的人」「被嚴格告知必須考慮旁人的感受」。亦即，有些男生的男性性在成長階段就遭到否定，因而增強了女性性。

因為存在各種可能性與行為模式，大家應該慢慢了解到，絕對不能輕率做出「男生都是這樣！」「只要是男生就會這麼想」的定論。

女生也一樣，有的女生總是喜歡上同一類型的對象，但也有女生會對截然不同的男生暈船。

簡單來說，共通之處在於，我們總是會推測「對方可能就是這樣的人吧？」但有時可能並非如此。如果光憑腦中的假設就匆忙下結論，將永遠也沒辦法做到真正的溝通與理解。

「我就是這樣的人喔！」把自己的價值觀明確傳達給對方，向對方開誠布公很重要，但是實際去確認「對方有著怎樣的價值觀，內心真正的想法到底是什麼」也非常重要。

在「開誠布公」與「向對方確認」的基礎上，磨合彼此的價值觀，確認彼此的想法，就可以避免產生誤解，也可以大幅減輕因為不理解而導致的煩惱。

倘若沒有認真看待這一點，以致疏忽了向另一半或父母開誠布公或確認內心想法的機會，卻回過頭來一味地自怨自艾「沒有人愛我！」不斷自我否定，那就只是在浪費自己的人生罷了。

「擅自認定對方怎麼想」「害怕被討厭而不去傾聽」，各式各樣外顯的行動，其實都來自於隱藏在人們內心深處、從未意識到的複雜心思。這本書會為大家闡明心靈機制，最終目的是要讓大家了解到：「妳是無條件被愛的」「妳是閃閃發光的女生」「妳能活出遊刃有餘的人生」，以及「妳可以找回真正的自己」。接下來我會在各章依序說明，請帶著愉快的心情翻到下一章吧。

ILTY VOICE

對於過去在異性關係中遭遇到痛苦與羞恥的妳來說，
單是能夠大步跨越這道障礙，
就已經超棒了！

人生絕對可以一次又一次地站起來。

第二章

運用「心靈機制」，讓戀愛與人生心想事成

什麼是「心靈機制」？

我在Youtube頻道上發布了一支自我介紹的影片。影片長度有四小時三十八分，我在影片裡分享了自己從小使用「ILTY」這個名字，以及活躍於Youtube的經歷。我從裡到外、從頭到腳，毫無保留地讓訂閱的粉絲透過影片來了解我這個人。

雖然和大家介紹這麼多，但其實我從小就遭到同儕霸凌，成長階段受盡委屈與挫折。

即使後來談了戀愛，有了喜歡的對象，卻在感情的支配下逐漸失去自我，甚至在得知對方背著自己偷吃之後，還更加依賴對方，就算被發了脾氣也裝作沒事，既不為自己辯駁，也毫無行動……。

大家是不是也曾面臨同樣的狀況呢？明明想著「今天不可以吵架！」可是只要約會或見到面，就會忍不住起口角、引發爭執。

這種模式在我和前任的關係中，幾乎是家常便飯（苦笑）。

人們為什麼無法走上如自己所預想的人生呢？為什麼明明都覺得痛苦不堪了，還是無法改變自己呢？

我心中抱著這樣的大哉問，開始接觸心理學與腦科學領域。然後我了解到，人的意志不僅受到大腦支配，同時也受到其限制。

「如果反過來利用人的這種特質，是否就能走上順遂的人生，然後找到自己的幸福？」我在內心如此推論，並試圖從心理學與腦科學領域中找到答案。

所謂心理，也就是「心的道理」，從字典裡搜索「理」這個字，跑出來的解釋是「事物的規律與法則」。簡單換句話說便是：「事情就是會變這樣喔！」所以**「心的道理」展現出的即是「心就是會變這樣喔！」的模式**。

而我在研究心理的過程中，慢慢察覺到**心具有固定的特質與模式**。

為什麼人會感到憤怒或焦躁不安？

為什麼人總是想建立依賴關係？

為什麼人始終忘不了失去的感情？

我發現，這些情況並非「沒有特殊的理由或原因」，而是**人在潛意識中陷入了某個模式裡**。

透過認識內心的模式，來理解自己與他人的心靈機制，進而就能找出最適合自己的做法，像是「遇到這種情況的時候，就這麼做！」

之所以這麼做的初衷，出發點正是「不想再為人際關係煩惱」，以及「想要讓自己變得更快樂」。我努力研究「心靈機制」，首要之務就是充分運用於自己的人生，讓自己過得更好。

只要理解心靈機制，人生將不再那麼複雜，一切的答案也會變得非常單純。

單是和我一樣認識到心靈機制，人生就會發生改變。

在這一章，我會告訴大家具體該怎麼做。

ILTY VOICE

陷溺於戀愛中而自責的女性總是容易忘記這件事，

請別忘了，妳擁有自己生來的獨特優勢。

只要掌握心靈機制，就能解決九成的問題

人心是有機制的，只要能理解那機制，現代人所遭遇到的問題有九成都能獲得解決。

但是反過來看，其實**人們心下明白，多年來困擾自己的問題可以輕鬆解決，但卻仍舊說著「我想解決問題！」並深陷於煩惱之中……因為這其中也存在暴露出內心真實本質的危險性。**

接下來，讓我一一拆解人心，並向大家詳細解說。

基本上，**人心的一大特性是：「只會做出對自己有利的行動」**。極少數人才會去選擇那些對自己不利的行動。我們可以從這個角度出發，進一步探索人的真實內心世界。

・**負面言論**
・**自虐型人格**
・**自我否定**
・**說謊**
・**因為自己能力不足而放棄**

這個社會中，很多人都擁有以上特質。但我們不妨從「這樣的言論和行動其實是有利的」這樣的角度出發，試著去思考，究竟這麼說或這麼做的好處是什麼？

・**發表負面言論，可以獲得人們的同情**
・**自虐型人格者會被看成不幸的人**
・**自我否定能夠合理化自己的不努力**
・**說謊可以逃避那些會傷害自己的事**
・**覺得自己能力不足而放棄，就不須要再嘗試挑戰**

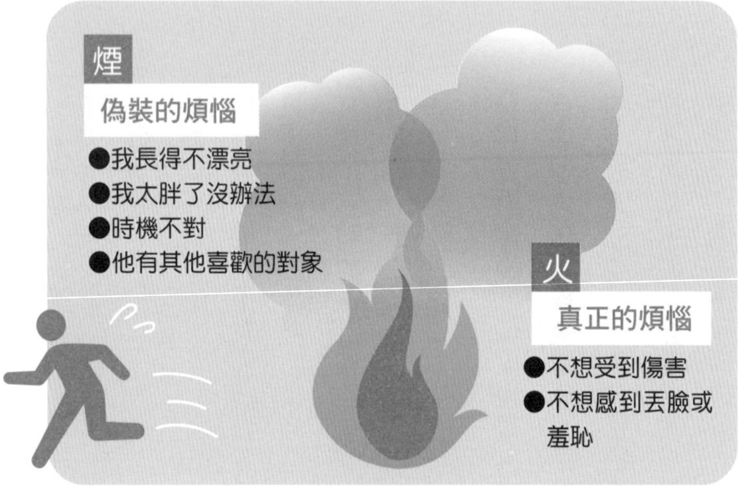
煙
偽裝的煩惱
●我長得不漂亮
●我太胖了沒辦法
●時機不對
●他有其他喜歡的對象
火
真正的煩惱
●不想受到傷害
●不想感到丟臉或羞恥

以上舉的例子不過是一小部分而已。人們表面的言論或行動，其實都不是出自內心真實的本質。**那個人到底是「為了什麼而發表這種言論？」**如果想弄清楚對方的出發點是「為了什麼？」**了解心靈機制就非常重要**。

了解大多數人的心靈機制後就會發現，**人之所以做出負面的言行舉止，幾乎都是「為了逃避」**。

可是，人為什麼要逃避

呢?又究竟想逃避什麼呢?

探討這些問題,是解決內心煩惱相當重要的關鍵。

在心靈機制中,當人企圖逃避某樣事物,會在真正的煩惱之外,另外在潛意識裡製造出其他偽裝的煩惱。我把這種真偽煩惱雙雙現身的情況稱作「火與煙」。

雖然真正的煩惱是「火」,卻因為直面火焰很可怕而轉向其他煩惱「煙」,藉以合理化自己逃避的行動。

這些內心的一連串活動就構成了「心靈機制」,在我們的潛意識裡不斷運作。

在此我也得說,的確,要直面內心真正的煩惱「火」是一件非常可怕的事。但**就算費盡心力去解決「煙」這種偽裝出來的煩惱，只要「火」不消失，就會一直製造出「煙」**。

不過，即使解決了當下的「煙」，不知不覺間又會飄來一團一團的「煙」瀰漫在眼前，當回過神來，煩惱也回來了——。

舉例來說，女生在感情上會有無窮無盡的煩惱：「交不到男朋友」「不敢向他告白」「對自己缺乏自信」「想分手卻又離不開」。

大家能夠分辨出來，這些女生的「火」和「煙」分別是什麼嗎？

其實，如果問她們到底在煩惱什麼，她們很可能會說：「（為什麼會有這些煩惱）我也不知道。」同時表現出怪罪對方或是自責的態度。

為什麼她們會有這樣的態度呢？

那是因為「責難他人」，可以讓自己變得比較輕鬆。

沒辦法直接向對方告白，也沒有斷然分手的勇氣，**與其鼓起勇氣卻得面對許多不確定的恐懼，倒不如把這一切歸咎於對方或自己的問題，還樂得更輕鬆。**

因為無法採取行動，只好藉由其他的「煙」來轉移焦點，掩飾自己逃避的事實。

接下來要問大家，

我們前面所提到的這類女性，到底為什麼不願採取行動？

以下就是讓她們卻步不前的原因：

- **因為不想要感到羞恥**
- **因為不想讓自己受傷**
- **不想被對方當成笨蛋**

她們當中的大多數人**為了掩飾羞恥的感受**，便在內心製造出另一個**偽裝的煩惱**。

然而只要在一開始就直面問題，鼓起勇氣果斷行動，根本不須要製造另一個偽裝的煩惱，問題就能迎刃而解。

我也有過類似的經驗。

我還是高中生的時候，曾經喜歡上同班的一個女生，我和這位女同學「小南」同班整整三年，也單戀對方三年。

雖然一直喜歡著對方，卻又不斷給自己找藉口：「或許我也沒那麼喜歡她吧」「和我交往應該會造成對方的困擾」「不說出來，就不用承受對方可能的回應」，一再逃避自己的心情。

如今回想起來，當時絆住自己的真正原因其實是：「害怕自己會受傷，不想因為被拒絕而丟臉」。

當時的我一點也不坦率，嘴上一面說著逞強的話，卻又暗暗對自己說：「誰教我只是個不起眼的傢伙……」然後擅自認定「人家現在根本不缺男朋友」，讓自己陷入反覆自我厭惡的循環之中……（笑）。

高中三年，我從未意識到自己內心的「火」與「煙」，而我的青春也在始終不敢向喜歡的人告白的鬱悶下，畫下了句點。

現實生活中和我一樣的人非常多，我們只被眼前的「煙」所蒙蔽，卻不願面對真正的問題「火」。

但是很多事情愈是隱藏，反而會在潛意識層面升起無端的煩惱。因此，不須要掩飾，趁早讓那些問題毫不掩飾地顯現出來，內心反而更豁然開朗。

其實前來尋求我建議的人們當中，就有不少人陷在這樣的困境而深感苦惱。可是，如果我劈頭就指出對方掩飾問題的真正原因，恐怕只會讓對方惱羞成怒，所以我會從一開始就慎重地仔細說明。

像這樣**光是直面自己內心「真正的問題」，就可以改變人生**。

在本篇最後，我可以向大家肯定，除了與問題直球對決，你還可以透過了解「心靈機制」，解決人生中大部分的煩惱。

ILTY VOICE

只要了解了心靈機制，就必須面對自我。
這就是為什麼我們從來不須要逼自己去追求完美！
別打亂自己的節奏，保持努力就好。

妳不被愛的理由，來自於妳的「低自尊心」

我在前一節向大家解說過，只要了解了「心靈機制」，就能解決人生中大部分的煩惱。接下來則要進一步說明，人不被愛的理由，也和心靈機制息息相關。

我經常對前來諮商的人提到「自尊心」這個詞，但是所謂的「自尊心」，到底指的是什麼呢？

字典中關於「自尊心」的解釋是：「維持自己的尊嚴，不受他人干涉且保有自身品格的心理或態度」。而**我對「自尊心」的定義是：「你有多喜歡自己」**。

雖然有人會說「討厭自己」「不喜歡自己」，但其實我們每個人都是喜歡自己的。

一旦自尊心不穩定，
就無法做自己。

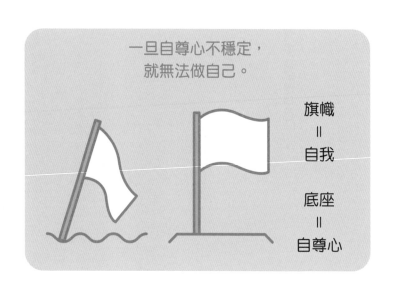

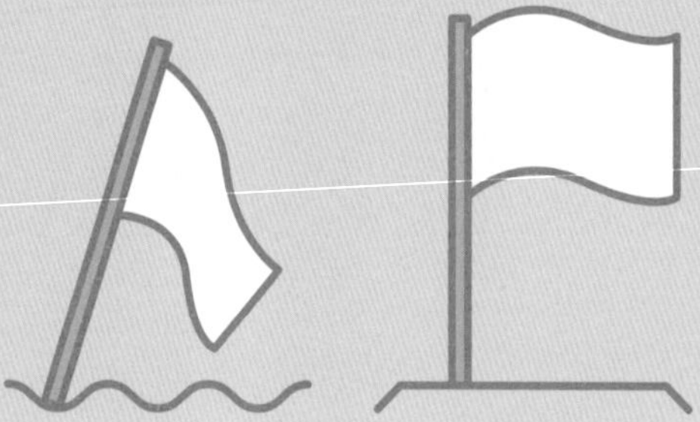

讓我們更明確一點，以數字來定義：「如果以一〇〇％來衡量，你有多喜歡自己？」也就是「若這個數值較高，就代表自尊心較高」「若這個數值較低，代表自尊心偏低」。

自尊心在相當程度上影響著每一個人的人生。大多數人都覺得「高自尊的人過得比較快樂」，而「低自尊的人則有過得比較辛苦的傾向」。事實也的確如此，自尊心較低的人無論在人際關係或戀愛中，都容易陷入困境。

為了讓大家更容易了解自尊心和自我的關係，我換個方式來解釋。

請大家把自尊心和自我想像成一個「底座（自尊心）」和一面「旗幟（自我）」。

在此姑且回溯一下戰國時代的歷史，當時軍隊在戰場上取得勝利之後，為了在奪回的領圖上宣示主權，會在土地上插下旗幟。

只要當作底座的領土相當穩固，即使手離開旗桿，旗幟仍會昂揚地在空中飄動。

但是當底座變得搖晃不穩，就須要有人伸手扶住旗幟避免倒下，可是一沒有手扶住又會回到不穩定的狀態。請大家將底座想像成是自己的自尊心。

自尊心低＝底座搖晃不穩，因此，**插在搖晃不穩底座（低自尊心）上的旗幟（自我）也是搖晃不穩的**。

「自尊心低＝不喜歡現在的自己」的狀態，就是一種對自己沒自信的狀態。儘管如此，人們處在缺乏自信的狀態下，依舊渴望做自己，想要插下自己的旗幟。

為了達到這樣的目的，就會在無意識下，想藉由依賴他人以豎起自己的旗幟。

因為對自己的底座失去了自信，棄而不用之後，就四處去找別人的底座，在上面插上自己的旗幟好重拾自信。

「對自己的底座沒自信（自尊心低）」，於是去尋求「更穩固的底座（交往對象、家人、朋友等等）」，並且安心地依附其上。

可是，就算順利在別人的底座插上了自己的旗幟，那畢竟還是別人的底座，上面也早已立起了別人的旗幟。

所以**作為一名依賴者，一面得懷著擔憂：「自己的旗幟千萬不能倒下」「不能失去這珍貴的容身之處」，還要整天窺探對方的臉色，不敢**

違背對方的規則，或是在自己不拿手的事情上出差錯，只能小心翼翼地一再隱忍。

這些煩惱的人也會上門向我求助，但當我給了建議之後，往往得到的回答卻是：「你說的我懂，可是……」其實，會做出這樣的回答，都和心靈機制有關。這些在內心運作的思路，讓這些人最終幾乎只能做出同樣的結論。

由於自己的歸屬建立在別人的底座之上，以至於失去對方的恐懼遠遠勝過其他情緒。

將自己的旗幟插在對方的底座上，看起來既穩固又放心，可一旦被對方討厭，就再也沒辦法立起自己的旗幟。於是，擔心自己被討厭……從此戰戰兢兢、如履薄冰，壓抑自己真正的心情。

做不了自己，又極度缺乏自信，這都是因為自己並不認同「真實的

自己」，只能藉由將自我依附在別人之上（以別人的價值觀來思考），來取得安全感以及與周遭的連結。

而這些不認同「真實自己」的低自尊女生，到頭來大部分都成了她們眼中不被愛的女生。

低自尊女生往往抱持的心態是：「我不喜歡真實的自己！」

就像我們在前面說明過的，她們在舉手投足間一點自信也沒有，因此無論看待自己或別人，都非常小心翼翼且充滿壓抑。

於是在旁人眼中，這些女生通常擁有這幾項特質：

- **對於自己的意見缺乏自信**
- **對於自己的外貌缺乏自信**
- **無法向別人分享自己真正喜歡的事**
- **總是在察言觀色**

- **言行舉止不夠大方，顯得退縮放不開**
- **常常自我壓抑**
- **做什麼都小心翼翼**

她們對外會表現出沒有主見的軟弱姿態，因此每次談戀愛，都容易被人呼之即來、揮之即去。這樣的結果**與其說是「被愛」，反而更像是「被利用」**。

也因為總是將自己的想法放在心裡，每天自我壓抑，內心就慢慢累積起許多情緒。直到某一天，這些情緒就在親近的朋友、戀人甚至老公面前突然爆發出來，不僅搞砸了一段戀愛關係，也傷害了和周遭人之間的關係。

正因為自己的自尊心很低，才造就了不容易被愛的體質，最終就容易淪落為不被愛。

ILTY VOICE

即便妳過去曾經失戀、與好友絕交、身處惡劣的家庭環境，妳依舊是很美好的。

光是能夠克服這一切就很棒了！

第 三 章

為什麼
妳的
自尊心很低呢？

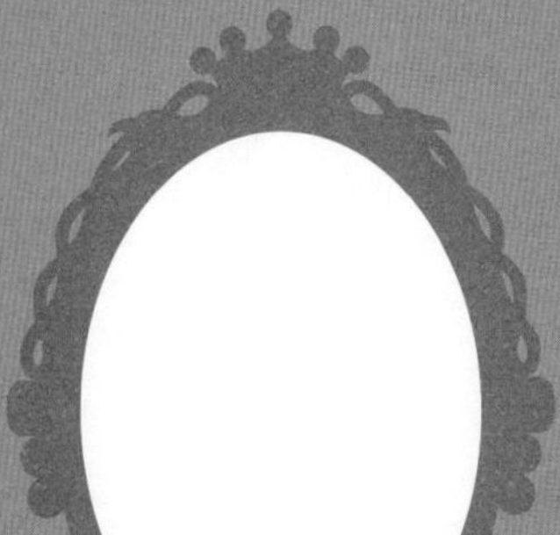

低自尊心時談的「戀愛」

在第二章中，我們仔細說明了「自尊心」對人造成的影響。這一章則要來談談「為什麼自尊心會低落呢？」

自尊心低落的原因，其實和男女（人與人）之間在價值觀上的差異有著很大的關係。

好比說看到「戀愛」這個字眼時，各位腦中會浮現出怎樣的定義或想象呢？

有些女生覺得是：

・戀愛＝男朋友／女朋友

・戀愛＝找對象

・戀愛＝交往

・戀愛＝尋覓一生的伴侶

但也有男生會這樣想：

・戀愛＝痛苦的回憶
・戀愛＝被背叛
・戀愛＝太投入會變得不幸

有著「戀愛＝找對象」價值觀的女生，一旦遇上了認為「戀愛＝被背叛」的男生（為了讓大家更容易理解，在此姑且用比較極端的例子說明），就算女生表達出「我把你看成我的戀愛對象」的心意，男生依舊會抱持著「談戀愛＝遲早可能被背叛」的心態，做出「喜歡就只有剛開始，這個女生以後也可能會背叛我，多見幾次面再看看吧」的結論。

可是站在女生的立場會覺得：「都約會五次了，他怎麼還不跟我告白」「他到底是怎麼看我的……」一邊暗暗期待戀情有所進展，內心又忍不住疑神疑鬼。

誠如上述，即便是同一個詞**「戀愛」，不限男女，對任何人來說，都可能做出不同的定義與詮釋**。

對於使用的語言，每個人抱著怎樣的「前提」？

如果忽略了這一點，彼此間就會產生誤解，進而引發男女糾紛。

社會上對於「談戀愛」這回事，大多有著以下的印象：

- **談戀愛＝交往**
- **曖昧中＝交往**
- **告白＝因為喜歡**
- **交往＝以結婚為前提**

對於這些男女之間的互動，多數人往往會抱著前述的想法。

尤其是那些急著想結婚的女生，通常會懷揣著「不趕快交往不行」「我要交男朋友！」這種近乎使命感的心思往前衝。

因為處在這種焦慮狀態下，便難以察覺男生對一段關係並不積極的真實原因。而一味站在自己價值觀行動的後果，就會讓彼此間的分歧愈來愈大。累積的誤解會導致衝突，人際關係失和，反覆不斷受挫後，自尊心就會變得愈來愈低。

當然，這並不是把自尊心變低的原因推給「談戀愛」，而是在「盲目的戀愛」中，這種傾向往往會特別明顯。

ILTY VOICE

妳的過去，不能決定妳的未來。
一切都和妳的過去無關。

今天的妳，是為了打造美好的未來，
而一天天、一步步地持續成長。

低自尊心會帶來什麼問題？

話說回來，自尊心低會有什麼問題呢？

一般來說，「低自尊心＝不喜歡現在的自己」。歸根究柢，正是因為不喜歡現在的自己，所以也很難認同現在的自己。

因為自尊心低，通常對於

- **自己的價值觀**
- **自己的思考方式**
- **自己的意見**

這類**以「自己為主軸」的個人特質缺乏自信**。

而缺乏自信的人，唯有依附著他人才能感到安心。

這也導致**自尊心低的人難以自行做出判斷，倘若不將決定權交給別**

人就覺得終日惶惶不已。

因為非常害怕自己的決定會出差錯，一旦「不被誰認同」「沒經過誰的允許」或是「沒接到誰的指示」，就沒辦法自信地採取行動。

這種心態也可能形諸於以下的思考，像是「不喜歡現在的自己＝連自己是否有存在於這世上的意義也失去了自信」。

處在自尊心低落的狀態中時，往往只在乎「那個人會認同我嗎？」因此總是在「察言觀色」「討好別人」「總覺得別人話中有話」「找不到自我價值就什麼都不是」「不想惹麻煩給自己帶來負評」。

這類思考一旦過了頭，只會讓自己背負過大的壓力與負擔。如此一來，會開始覺得旁人的評價比自己想要做的事更重要。就算獨處時能夠放鬆下來，但一有別人加入，又無法專注於眼前的事情上。

也因為心思不定、無法集中精神，常常會衍伸出許多問題，比如「工作上容易出錯」「戀愛時總是疑神疑鬼」「經常疲於奔命」等等。

如同前述，低自尊心所引發的問題多不勝數。

我想在這裡補充說明一下「高自尊心與低自尊心」。我們每個人都曾經是襁褓中的嬰兒，而嬰兒光憑自己什麼都做不到，對吧？只要沒有大人在一旁陪伴，幾乎就難以存活於世。但是，嬰兒會去在乎誰對自己的看法，或是為了生存而對什麼小心翼翼的嗎？我們不妨想像一下，若嬰兒總是很在意別人眼光，那會是什麼模樣：

「啊，都這麼晚了，再哭下去媽媽就不用睡了，我就先不哭了」「肚子好餓想喝奶，可是剛好有客人來，我先忍忍好了」，這樣的嬰兒反而更恐怖吧（笑）。

嬰兒不會憂心自己的處境，想哭的時候就哭，想笑的時候就笑，想要什麼就努力伸出雙手，覺得膩了就瞬間失去興趣……就像這樣，會大方展現自己最真實的模樣。

沒錯吧？嬰兒的一舉一動，所展現出來的都是「真實的自己」吧？與其說嬰兒擁有高自尊心，不如說他們是處在**「自尊心MAX」**的狀態。

在此，我希望大家絕對要認知到的概念就是：**高自尊心是一件理所當然的事**。

雖然在很多情況下，我們往往會區分出「高自尊心」與「低自尊心」，但嚴格來說，我們**應當以「正常（最大自尊心）」抑或「低下」這兩種標準來理解自尊心的高低程度**。

「我的自尊心很高喔！」這種說法只是比較後的結果。人類原本就是擁有高度自尊心的生物，況且，**我們每個人都曾經歷過自尊心最高的時期，接下來只要找回那樣的自己就好**。

不管是誰，都可能變回原本的自尊心MAX。

ILTY VOICE

真要說起來，還是嬰兒的時候最能活出自我。
不妨試著找回真實的自己，享受生活！
別忘了，妳擁有享受真實人生的權利。

足以左右孩子自尊心的父母們

影響自己自尊心高低**最直接且最深遠的，自然莫過於生養自己的父母親**。

前文也提到，我們還在襁褓時期的自尊心是最高的，接著就**在父母的影響下，從自尊心一〇〇％的嬰孩，漸漸一點一滴降低自尊心**。

每個人都是從媽媽肚子誕生的，從嬰幼兒到童年，與自己關係最密切的就是爸爸媽媽。

嬰孩時期做什麼都可以，都有人幫助自己。可是，隨著年紀愈來愈大，爸媽說的卻都是：「這點小事自己處理」「連這麼簡單的事情都不會嗎？」「不可以做那種事喔」這種話，在某種意義上否定了自己的存在。

讀到這裡，大家不妨試著回想，孩提時期的自己有怎樣的價值觀呢？

孩提時期，對於居住活動區域以外的場所，往往覺得是不可以涉足的地方，也因為內心存有一絲畏懼，甚至連靠近都不太敢，對吧？

孩子們會對自己已知世界之外的領域感到恐懼，並且覺得不被允許進入。

因此長年居住的家，才是能夠讓自己感到安心的場所，而與自己最親密的父母則是不可違抗的。**「（長年在家裡一同生活的）母親＝絕對的存在＝自己的世界」這樣的認知，很可能就是在童年形成的。**

當這樣的母親在家裡情緒不佳，孩子會有怎樣的感受呢？

「完蛋了，我身處的世界要遭殃了！」想必內心暗叫不妙的同時，卻也不曉得該怎麼辦吧……於是忍不住開始盤算「來討好媽媽吧」，或是「假裝什麼都不知道好了」。

孩提時期的思考，以及隨後採取的行動，都會影響長大後的人格特質。儘管孩子們百般努力想做自己，但面對一臉不悅的母親，還是會深深苦惱著到底是什麼原因讓母親不高興。可是，孩子們的見識與智慧有限，到頭來反而會把問題歸咎在自己身上。覺察到自己自尊心低落的人，想必都有過類似的經驗吧？

「我是一個常讓母親臭著一張臉的壞孩子……」

「如果我沒被生下來就好了。」

「都是因為媽媽生我的時候很辛苦吧。」

「我是一個沒有人要的小孩……」

很多人早就忘了孩提時代發生過的事，但是**唯有母親不愉快的情緒，始終藏在記憶深處，而且持續造成心理傷害，同時讓自己的自尊心變得低落**。

人類的大腦會排斥自身常識之外的事物。人們會將小時候所獲取的常識與正義感，以及自己是怎樣的人，作為理解自我的基礎，並且深深地印在腦海中。然而對於除此之外的常識，卻容易表現出抗拒感。

孩提時代所建立起來的價值觀、信念與人生觀，將會形成我們長大成人之後，甚至數十年來面對人生的基本態度。

此外也必須記住一點：**所謂人類這種生物和其他動物並不一樣，對於雙親的依賴期間相當長**。

好比昆蟲一出生就脫離父母。即便是一般哺乳類動物，和父母作伴的時間也頂多幾個月而已。

可是人類的親子關係至少會維持十五年以上，也有的甚至會長達幾十年，親子一直同住在一個屋簷下。由此可知，**我們人類這種生物，的的確確受到雙親相當深遠的影響**。

因此，我們都是在父母的影響下，逐漸形塑了如今的價值觀與思考模式。

包括撫養我們長大的父母親，以及哺育雙親的祖父母，很可能也和我們一樣存在著低自尊的問題。基本上，**低自尊父母會養出低自尊心小孩**。倘若祖父母或外祖父母是低自尊者，父母親或許也會被教育成低自尊者。

過去，母親常指著我的鼻子對我說：「你是我在橋下撿回來的孩子喔！」「所以才會養你喔！」當時幼年的我傻乎乎相信了，並且開始認真思考：「難怪我待在這個家裡一點也不開心」「我的親生父母在別的地方，我得在這些大人把我趕出家門前找到他們」（笑）。

母親對我說的這些玩笑話，似乎當時那個世代的人們或多或少都曾經聽自己的父母說過。更別說老一輩的祖父母，也可能是在這樣的互動中長大成人。我在做田野調查時發現，儘管每個地方的說法不盡相同，但其實，跨越世代與地域，從許多年前起，日本全國各地就都有類似的說法。

就算大人在說這些話的時候，只是抱著開玩笑或管教的心態，卻已經足以在孩子的內心留下創傷。「我和爸媽真的有血緣關係嗎？」「至今的感情都只是假象嗎？」許多人即使長大之後，依舊深陷在這樣的情緒創傷中。

ILTY VOICE

一張一萬日圓的紙幣即使被弄髒了，還是擁有一萬圓的價值。

雖然妳在人生中遭遇過各式各樣的困境，
但這些挫折從未減損妳的價值。
不管最終妳成為怎樣的人，妳都是最有價值的。

被父母壓低的自尊能再提升起來嗎？

「你和爸媽的關係好嗎？」「你覺得自己被爸媽愛著嗎？」對於前來找我諮商的人，我都會問他們這兩個問題。有些人會回答：「我很感謝他們。」事實上，會在親子關係中使用到「感謝」這個字眼，往往是習慣逃避親子關係的人。

不管任何人，幼年都深受雙親的影響，即便長大後想改變，內心也還是免不了殘留著創傷。

有些人覺得，既然長大了就該成熟一點，讓往日的痛苦事過境遷。可是，即使現在的自己原諒了，過去（幼年時的自己）的自己卻並未原諒。所以也有不少人依舊因為過去的自己而感到痛苦，擺脫不了自尊心低落的困境。

這種狀況，很接近心理學領域常提到的**「內在小孩」（Inner Child）**。

在這裡我要大家記住的是：所謂「真實的自己」，指的其實是「過去、現在、未來，存在於所有時間中的自己」。所以，當處在現在與未來的自己原諒了，過去的自己卻並未原諒的情況下，內心的疙瘩不會消失。由此形成的價值觀，也將持續影響妳每一次抉擇的結果。

其實，這當中蘊含著一個提示，是有關重新找回被父母壓低的自尊心的。

ILTY VOICE

為了自我欺騙而偽裝出來的正能量，
只會不斷消耗自己的內心。

為了活出自由，請拿出勇氣，
和內心最恐懼的事物對抗吧。
別擔心，不管跌倒幾次，我都會陪在妳身邊。

第 四 章

如何與自尊心打交道

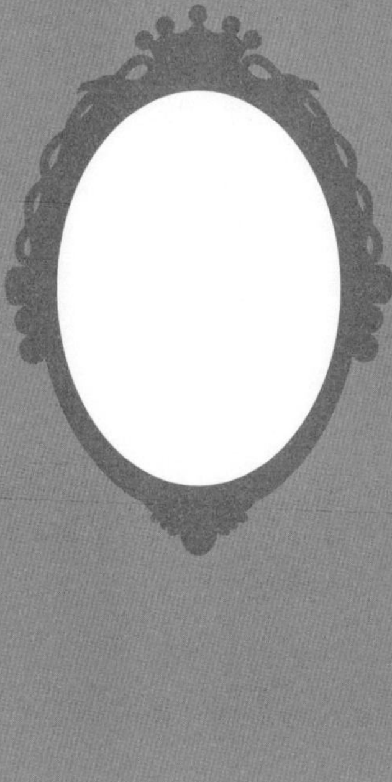

克服創傷的方法

在第三章中，針對「為什麼自尊心會變得低落」做了詳盡的解說之後，我會在這一章中進一步具體介紹「如何克服創傷，與你的自尊心和平共處的方法」。

父母的影響相當強大且深遠，而且會在孩子身上以創傷的形式留下來。不過，創傷的意義因人而異，本書所指稱的創傷定義如下：

- **痛苦的經驗**
- **至今還覺得恐懼的事**
- **揮之不去的心理創傷**
- **下意識從記憶中抹去的創傷**

很多人非常努力地想平復過去曾遭受的心理創傷，儘管各自採取了不同的方式，但無論是怪罪自己，或是企圖從本質上改變自己，在某個層面上都讓自己深陷於精神暴力之中，反而讓內心變得更加痛苦。

要判定一個人是否曾經歷創傷，可以透過一些判斷基準。**例如腦海中驀然「重現」（flashback）過去的記憶；就寢前對於「那個時候那件事……」感到懊悔。諸如這類情況，都很可能來自於心理上的長期創傷。**

所謂**人類的記憶，其實就是一種情感緊密連結的集合體**。倘若問自己：「還記得哪些快樂的記憶？」那些快樂的記憶就會自動浮現在腦海中。相較之下，儘管大腦尚未處理那些連結著悲傷情感的記憶，卻往往已經對身體與心靈造成影響。

人們在活力充沛、情緒高昂的時刻，並不會流露出沮喪或負面的情緒。內心難以忘懷的悲傷記憶，也容易隨著年齡增長、時間流逝而逐漸淡忘。但是，正因為身體與心靈的傷並沒有痊癒，一旦遇上了某個契機，又會再度於腦海中重現。

要想克服這些創傷，有以下兩種方式：

第一種方式是，**接受並承認那些至今仍覺得恐懼的過往經驗**。

「當時那樣做就好了……」，大部分深受創傷所苦的人們，容易像這樣糾結於自責的情緒中。

我們在第二章談過「火」和「煙」的意義，很多人的眼中只看得到「煙」，每天絞盡腦汁只為了驅散「煙」，卻忽略了苦惱的真正來源「火」。

於是人們總是不斷在後悔：

●沒有說出真心話

●明明想著「去做就對了」，卻做不到

以上就是人們總在後悔的主要原因。那些因為容忍、因為壓抑而做不到的事，需要的其實是勇氣。有些人明明很清楚去做就對了，也明白那些都是過去的事，可是至今內心仍感到恐懼。

因此最重要的第一件事，就是接受並承認那些內心的恐懼。

再來是第二種方式，**把自己受過的傷，還給讓自己受傷的那個人**。

歸根究柢，人們的創傷經驗到底是怎麼來的？仔細回溯分析後，會發現是因為自己「曾經被人說了什麼」，或是「曾經遭遇過什麼」。而在遭受創傷的當下，自己的「真實心情」或「真心話」，像是「事實是這樣才對！」「為什麼要這麼做？」「開什麼玩笑！」「給我住手！」卻沒能說出口。

因為恐懼而不斷容忍、壓抑，最終形成了創傷。身體與心靈會記得這些創傷，導致現在的自己依舊痛苦不堪。因此，**將自己受過的傷，還**

給當初讓自己受傷的人，可以取得最好的效果。

試試看，把妳當時沒能說出口的話，用一句話說出來，並確認當時那個人為什麼會說出那樣的話。試著鼓起勇氣去面對自己最害怕的事。如此一來，就可以不再自責，從本質上療癒創傷。

接下來要介紹兩種療癒創傷的方法。坦白說，這兩種方法並不簡單，但如果能夠簡單克服創傷，人們一路走來也不會那麼辛苦了。要特別注意的是，進行這兩種方法時，必須在「高能量」的狀態下進行。「直面創傷」的行動本就需要充沛的體力與精神力。**相反地，如果是在沮喪失落的狀態下「直面創傷」，很可能會陷入無法重新振作起來、痛苦的負面情緒中，反倒再次重傷自己的心**。所以，直面創傷時，不妨先「盡情與好友玩樂」「大啖美味料理」「沉浸在自己的興趣中」，甚至可以「稍微奢侈一點」，**讓心靈充飽電後再進行**。

即便成功克服了創傷，那把曾經刺入自己身體的刀也才剛拔出來而已，傷口要完全痊癒還需要一段時間。因此不妨慢慢建立起一個能夠帶給自己療癒，並且接受、包容自己狀態的人際關係。

ILTY VOICE

直面自己的過去，是一件需要莫大勇氣的行動

所以，沒有必要責備對此感到恐懼的自己。

別忘了，就算事到臨頭時承受不住，逃避也完全不可恥。

如何面對無法面對的父母？

來找我諮商的人當中，也有飽受親子關係困擾的女性。依據這些諮商者各自面臨的狀況，主要可分為**「親子暴力」「過度保護」「毒親」**三大類型。

每個人的出生環境、成長過程，以及所面臨的狀況都不一樣，由此也形塑出各自迥異的價值觀。所以，親子間的互動方式並沒有正確答案。對於閱讀這本書的讀者而言，不妨**將「自己在這段關係中是否覺得舒服？」「自己是否可以好好享受人生？」這兩個問題，作為面對親子關係的最低基準**。

最棒的親子關係自然是相處和睦，而且能夠彼此毫無芥蒂地相視而笑。相較之下，「非常在意父母一切反應」的人，以至於「討厭父母，對他們只剩下感謝」的人，在父母面前都會盡可能隱藏自己的「真實心情」或「真心話」。

雖然不是非直面不可的關係，但如果想要藉由直面父母，找回自己原本的人生，請參考以下幾個重點：

1 能夠將因為父母所感受到的悲傷或憤怒，傳達給他們嗎？

2 能夠一直說到父母認真做出回應嗎？

3 能夠傾聽父母真實的感受嗎？

4 對於推託的說詞或企圖搪塞過去的藉口，會感到憤怒嗎？

儘管已經鼓起勇氣直面父母，仍然有不少人無法在這段關係中覺得自在。因為只要進一步思索父母的話，就會發現他們其實沒有「認真」回應。大部分情況下，這些父母雖然給出了適當的回應或表面上道了歉，但並未去理解孩子下定決心這麼做的真正原因。

孩子努力鼓起勇氣、擺脫恐懼，向父母坦承內心的痛苦，相比起來，父母的態度卻是一副雲淡風輕，打算敷衍過去。這也讓許多諮商者感到煩躁不耐。

所以**事實上並不是「直面父母無用」，這段關係之所以仍帶來不舒服的感覺，正是因為「這個過程還沒結束」**。

因此我們必須格外注意接下來的重點，在向父母陳述之前，**對父母要有更深刻的理解**。

- **為什麼父母會說出那樣的話？**
- **為什麼父母當時非採取那樣的行動不可？**
- **當時的情況如何？**
- **他們真的想那麼做嗎？**

各位應該也曾回想起過去的時光，或是人生沒那麼順遂的時刻，當那段記憶再度浮上腦海，是否覺得自己忽然莫名的煩躁不安起來？而這時妳又能否控制自己的情感？

我們大多數人都可能說出無心之言，或是因為一些微不足道的小事動怒，甚至不分青紅皂白地遷怒周圍的人。

對男女朋友發脾氣、在親朋好友面前自吹自擂、在職場總板著一張臉……說不定父母就是如此。或許他們在養育孩子的過程中，也曾經歷相同的處境。

既然養育孩子，就不能任意拿孩子出氣，**但父母終究也只是平凡人**。大家小時候應該都很希望趕快長大，成為了不起的大人吧！然而隨著慢慢長大，終於成為兒時嚮往的成熟大人，卻意外地迎來現實的種種打擊……

而且在養育孩子的過程，也或許會遇到挫折。

就算接受了小學到中學的義務教育，緊接著進入高中、大學，卻從來沒有人教過我們該如何養育孩子。

一眨眼，我們就來到了適婚年齡，懷孕、生產、成為父母，從這瞬間踏上了無法回頭的養兒育女之路。

若是冷靜思考，會赫然發現大部分的母親都沒有提前做好育兒的準備，一切都是匆匆忙忙地就開始了。

在這當中，媽媽們要去上班、做家事，還要帶小孩，一邊哄著小孩一邊回憶「爸媽當年是怎麼養我的呢？」慎重地面對育兒這回事。

就像這樣，**盡可能去想像並理解父母「當時的處境」與「當時的想法」，這對於直面父母或與家人互動時，都相當有幫助**。

說得極端一點，如果大家的爸媽生來就是俊男美女、備受疼愛、帥氣、討人喜歡、腦袋又好、活潑開朗、是運動健將、擁有迷人的笑容、才華洋溢、日常處事坦率真誠，然後在這樣身心健全的狀態下結婚生子，你覺得他們會怎麼養育自己的孩子呢？（但如果真的兼具這些條件，應該就不會和現在的老公結婚，自己也不會出生了吧……姑且來點黑色幽默（笑））

順帶一提，**我們所說的「理解」，其實就是「所以是這樣啊！」這種能夠完全體會的感覺**。人們從理解開始，然後才是接受以至於認同。而煩躁不安的情緒、湧上的怒氣，其實都是源自於內心的不理解與不接受。

此外，相較於同理父母的處境，我們往往會抱著「你們沒想過我一直過得很痛苦嗎？」的怨懟，一心先怪罪父母再說。

倘若你內心真實的想法是：「身為父母，本來就應該無條件愛著孩子！」就這樣說出來也沒關係，但那真的是你想對父母說的話嗎？當你盡可能理解了父母的處境之後，還會想對父母說這樣的話嗎？這也是在直面親子關係時必須注意的事。

即使無法理解對方，試著去釐清對方所看重的價值觀或事物，便是「盡可能去理解」的展現。

畢竟父母與自己成長的文化和時代截然不同，價值觀理所當然也會不一樣。

題外話，大家曾經做過「性格心理學」中的「動物人格測驗」嗎？根據出生年月日對應到不同的動物與個性，我的測驗結果是「獵豹」（積極進取、重視世俗成就），而我的母親則是「狼」（孤高的一匹狼）。

相較於我總是在追求進步與世俗的聲名，孤高的母親與我的價值觀迥異。然而我們是母子。

就連血濃於水的親子之間，都可能出現這麼大的分別，所以重要的是，要努力去理解「正因為從思考方式到價值觀全然不同，才須要這分感受性！」

最後讓我再補充一點，雖然我在前文中建議大家嘗試「直面父母」，但是這並不代表「與父母感情融洽」。

　　直面父母時，可以改變因自身所背負的創傷與壓抑而形成的價值觀，因此這個行動的意義，不如說更接近**「藉由父母來面對最真實的自己」**。所以即便沒能與父母打好關係、感情不融洽也不要緊。

　　就算是關係緊密的親子，也可能無法理解彼此。我不是要妳勉強與父母建立好關係，而是透過直面父母的行動，找回自己真正的人生。

ILTY VOICE

直面自己覺得恐懼的事物會讓人感到退縮。
可是，一味地忍耐只是在傷害自己，
別忘了將這一切傾吐出來。
給自己一個勇氣暗號：「須要存起來的只有錢！」

只須要覺察自己是被愛的

自尊心較低的女性往往會抱著「男朋友（老公）或家人其實並不愛自己」，或是「根本沒有人愛我」這類想法。

有些人會帶點遲疑：「也許我是被愛的」「沒有被對方討厭」。但是能夠自信滿滿地喊出「我是被愛的！」的女性少之又少。

然而，我從過去諮商超過一萬名女性的經驗得知，那些認為自己「不被愛」的女性，「實際上是被愛的」。

這樣的誤解就來自於，自尊心較低的人通常會擅自認定「我是不被愛的人」。

為什麼我敢說她們「實際上是被愛的」呢？因為**每個人對於愛的定義根本不一樣**。大家不妨進一步思考，有些人認為「愛」就是對方說出「我愛你」；但有些人的「愛」是什麼也不說，只是在一旁靜靜地陪伴；當然也有些人覺得「愛」可以透過一個又一個的禮物來證明。

由此可見，每個人都擁有自己對於「愛的定義」，而那些覺得「我是不被愛的」人，僅僅只是因為「自己與另一半對於愛有著不同的定義」罷了。

說到男女的戀愛關係，畢竟和家人不同，一旦失去了熱情，關係就急速冷卻，也可能僅僅維持適當的熱度，或是態度表現得露骨易懂。無論如何，「比起言語，行動才是誠實的」，因此關於戀愛，或許在某種意義上可以定義為：「分離的時刻，正是愛情降溫之時。」

可是，親子間的愛，幾乎不會隨時間變化。而且，也正因為那毫無疑問是愛，大家才能好好地成長為現在的自己。

如果沒有愛，就不會每天煮飯給孩子吃；如果沒有愛，就不會願意為孩子花錢。

不過也有人認為，父母之所以養育自己，根本不是因為愛，只是出於「撫養孩子是義務」「不想因為疏於照顧被逮捕」等理由。可要是真的討厭養孩子，也可以託給家人照顧，或是丟給托兒機構不是嗎？

不管怎麼說，正因為父母的愛，各位才能安然無恙地長大，坐下來閱讀這本書。

話又說回來，妳會感到自己「不是被愛的」，其實也來自於父母的笨拙軟弱、疏於表達，甚至是自身的不成熟。這當然百分百是父母的問題，卻也是他們從小到大所接受的教育使然。

父母雖然笨拙軟弱、**雖然不善言辭、雖然依舊不成熟**，但**確知「父母是愛著我的」這個事實才是最重要的**。

直面父母或許須要鼓起很大的勇氣，但我實際上聽到許多經過我建議的諮商者的回饋，發現其中大多數人，都和父母化解了彼此間的隔閡與誤會。有的父母不斷向孩子道歉：「才不是不愛你！」「是我太粗心了，沒注意到你的感受」。還有幾十年來從不打招呼的親子，現在每天早上見面都會說「早安」了。

從這個瞬間開始，不須要再糾結自己和父母對愛的定義是否一致，不妨就認定「當我被這樣對待，我是被愛的」。

對妳來說，愛到底是什麼？怎麼做才是愛的表現？這些都要好好確認清楚。

在那些鼓起勇氣的人當中，僅僅因覺察到自己一直以來對父母的誤解，和父母的關係就產生了變化，人生也從此有了巨大的改變。

這樣的改變並不是因為忽然擁有了特殊的溝通能力，或是變成了一個很厲害的人。而是當放下長久以來的誤解與情緒，就能夠找回原本坦率真誠、閃閃發亮的自己。

只要轉變內心既有的認識與想法，情感也能在一瞬間發生轉變。光

是改變自己的想法，並進一步與對方確認，人生從那瞬間起就會變得豁然開朗。

其實妳身邊有許多溫柔的人。而且妳本身並沒有做錯什麼，身邊的人也沒有錯。

受到文化、價值觀的影響，我們所身處的社會並不鼓勵向外提出意見、要嚴以待人，而且無法示弱。因為無法依賴別人，只能不斷逼迫自己、責備自己，然後在這樣痛苦的漩渦中打轉。待在這樣的環境下……人們的思考方式很難不受到影響吧？

因此，我希望正在閱讀這本書的女性，可以充分理解我所說的脈絡，以及我們的思維在大環境下所掉入的陷阱。也請務必去覺察自己被愛的事實，鼓起勇氣行動。

在這當中，應該也有父母內心的想法是：「都給你飯吃，還給你衣服穿，然後照顧到長大成人出了社會，不就已經盡到養育責任了嗎？」」當然也有父母會懊悔不已：「說起來都是我還不成熟，沒能控制好自己的情緒，還發洩在孩子身上，真想再養一次孩子啊。」實際上，儘管每一對父母都有關於愛的定義與原則，卻仍遺憾於沒能確實傳達給孩子。

我在諮商時，通常會分別站在孩子的角度與父母的角度，來向兩方提供建議。而當我身處於親子之間，採取中立的視角，會發現其實這不過只是一場誤會。

明明真心話是想要好好相處，卻因為自尊心或覺得難為情而變得一點也不坦率，這樣的親子令人遺憾地多啊。

更令人遺憾的是，無論是將想法傳達給對方的方式也好、彼此在價值觀上的磨合與確認也好，都不是學校教給我們的。

孩提時代沒有人教我們，即便長大了，大人們也沒有機會學習如何好好處理人際關係，就這樣，親子間彼此誤解了好幾十年。

也正是因為如此，請一定要去覺察真正的愛！

去覺察自己是真正被愛的。而且，妳也打從心底愛著父母、愛著真正關心的人。

ILTY VOICE

有些讀者可能會說：「過去其實都試過了，但老爸老媽果然還是很難相處……」

我建議這些讀者可以試看看我在本書最後提到的一部影片《直面父母的方式》。

所以～請大家一定要讀到第二六五頁的結語喔！

「無法原諒」的情感是怎麼來的？

找我做諮商的人中，除了親子關係的問題，也有一些人是被朋友背叛、前男友出軌、和已婚人士交往的。這些人往往相當執著於背叛她們的人，陷在這樣的情感中無法自拔，並且因為無法原諒對方而感到相當痛苦。

像這種「無法原諒」的情感，也包含「受不了笨蛋」「裝可愛的女生令人倒胃口」「絕不接受沒責任感的人」。但偶爾也會出現「看到活躍過頭的藝人就很煩」「討厭忽然在社群網站爆紅的傢伙」這類諮商內容（笑）。

很多人會問我：「怎麼做才能原諒那些人，不再關注他們的一舉一動，讓自己變得比較好過？」那麼接下來就和大家解說「無法原諒」這種情感。

首先要問問大家，過去如果有了無法原諒的對象，妳會二十四小時一直想著那人很討厭嗎？

早上起床後，吃早餐，通勤上班，工作，回家，吃晚餐，洗澡，準備就寢……做這些事情的同時，妳也會一直想著「我無法原諒那個人！」嗎？

一旦冷靜下來思考，就會發現我們口口聲聲的「無法原諒！」並不是二十四小時、每分每秒都放在心裡的情緒。事實上，大部分的人並不是真的這麼厭惡對方。

那麼，人們通常在什麼時候會感受到「無法原諒」的情緒呢？答案是：「沮喪的時候」「不快樂的時候」「覺得自己不幸福的時候」。

和朋友出去玩的時候被大夥開玩笑罵笨蛋，或是沉浸在自己喜歡的嗜好中時，應該不會想起「無法原諒」的對象吧？

覺得快樂的時候並不會感受到那股無法原諒的情緒，所以真相是，正因為過得不快樂，才會說出「無法原諒（對方）！」這種話。

第二章中，我們談到心理機制時提到，「人只會做出對自己有利的行動」（第六十八頁）。其實**「無法原諒」的情緒，也是一種對當事人有利的行動**。

但當我對諮商者這麼說，對方會忽然變臉反擊：「才不是這樣呢！」（笑）。這都是因為潛意識深處藏著「要是原諒了對方，我不就吃虧了？」這樣的想法。所以，怎麼樣都不能原諒，怎麼樣都要維繫住「無法原諒」這股情緒。**隱藏在內心深處的首要考量其實是：「證明自己的執著是合理的」。同時以無法原諒作為逃避的藉口。**

不過這麼做，到底能夠逃避什麼呢？

答案是：逃避「努力變得幸福」這件事。

出乎意料吧？每個人活在這世上不是都想變得幸福嗎？有的諮商者聽我說完後也驚訝地反問：「這些人居然放棄為幸福而努力嗎？」但事實上，**自尊心較低的人潛意識裡的確具有親手推開幸福的傾向**。

在「自尊心低＝不喜歡現在的自己」這樣的心理結構下，「不喜歡現在的自己→現在的自己並不幸福」。而為了證明「自己並不幸福」，才如此執著於無法原諒的情緒。

人類是一種「想要證明自己論點的生物」。也就是說，那些說著「無法原諒！」的女性，是為了證明自己的設想是正確的。

令人驚訝的是，各位身邊不也有這樣的女性嗎？談戀愛時，只要一度懷疑對方偷吃，就算對方是「清白的」，依舊每天疑神疑鬼。「偷吃了吧？」不僅內心擅自判定對方有罪，還基於這種假設不斷懷疑對方，即便對方什麼都沒做，腦中還是淨想著「他只是隱藏得很好」「他的性格早晚都會偷吃的」。

另一方面，男友因為不被信任而對女友愈來愈冷淡，慢慢地對這段關係感到疲憊，於是開始和其他女性來往……但是女友內心所想恐怕是：「看吧，果然和我想的一樣偷吃了！」

很驚人吧……對於這名女性而言，究竟男友是真的偷吃，抑或是自己的舉動讓男友偷吃，這些事完全不重要。她一切質疑男友的行動，都只是為了證明自己的設想是對的。

自尊心較低的女性往往會陷入這樣的情境，無法去感受當下的幸福，總是抱著懷疑或憤恨的情感。

無論是戀愛關係也好，親子關係也好，社會上各種**人際關係中「無法原諒」這種情感，其實都是源自於內心深處執著於於某種「〇〇是正確的！」的價值觀**。

為了避免部分讀者誤解我的意思，在此稍微補充說明。其實這種價值觀也有正確的時候，像是有些人在妳身上造成的傷害已經大到令人「無法原諒」，自然就屬於這類情況。但我真正想傳達的是，**如果內心一直有著「無法原諒」的情緒，是無法獲得幸福的。**

我也曾經有過這種經驗，憤怒在我內心反覆打轉，總想著：「無法原諒那個人！」然而這大大消耗了我身心的能量。

人在兩種情況下最消耗能量：

- **「無法原諒」某個人的時候**
- **在意別人怎麼想的時候**

即使只是在潛意識裡想著「絕不原諒那傢伙！」也同樣會大幅消耗

能量。

因此大家必須理解到，一旦過度陷在「無法原諒」的情緒裡，身心狀態就會變得愈來愈痛苦。

ILTY VOICE

珍惜自己，就是為未來的幸福鋪路。

各位讀者的真正目標應該是：

珍惜人生，享受人生！

原諒「無法原諒」的那個人

請大家務必記住一點：「人的能量總和沒有個體差異」，也就是每個人都是一樣的。

妳可能也聽過「那傢伙的活動力好強」這種說法。但嚴格說起來，差別只在於是否懂得好好利用能量而已。因為每個人的能量總和都是一樣的。

從我的經驗觀察，**能量較低的人往往「無法原諒」別人；而能量較高的人很少會處在「無法原諒」某人的狀態下。所以後者可以將更多能量優先運用在自己身上，在別人眼中就顯得活動力很強。**

簡單來說，光是「無法原諒」這種情緒，就相當耗損自身的能量。

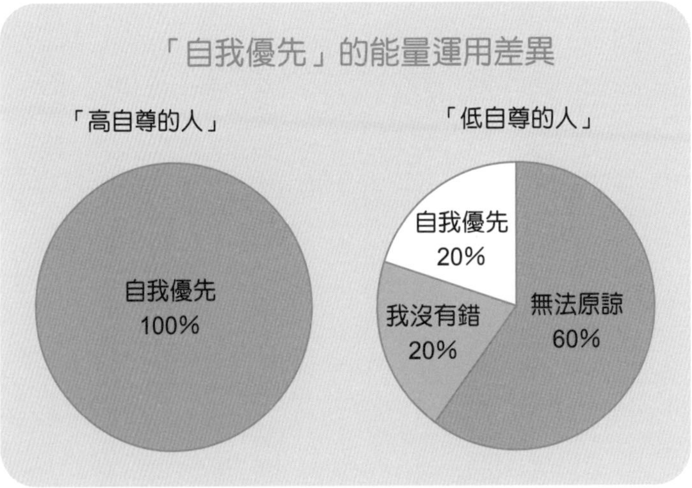

要是能夠將這些能量優先利用在自己身上，人生想必會出現連自己都相當意外的轉變。

前面花了點篇幅說明，接下來要具體介紹如何原諒的方法。

那就是「以牙還牙，以眼還眼」「乾脆放棄」二擇一。

◆以牙還牙，以眼還眼

對於旁人直接的攻擊、指責，或是企圖踩低自己來捧高自我的居心，當下立即採取「如數奉還」「反擊」「發飆」等行動很重要。也就是**「以彼之道，還施彼身」的對策**。

明明遭受到不當的對待卻隱忍下來，不僅會讓內心愈來愈痛苦，搞不好還會形成心靈創傷。因此，請不要什麼都忍耐下來，也不要一味顧慮他人。

要做到這一點，請再少一點察言觀色，相較於別人，先把自己的想法放在第一位。

儘管如此，聽到要以牙還牙或是反擊，似乎還是有點可怕。我過去遭到霸凌的時期，面對接踵而來的暴力都不敢反抗。出社會之後，情況也沒有太大的改善。直到某個時期，我遭到共事夥伴批評不講理、自我中心，當時已經慢慢掌握「心理機制」的我，決定展開反擊。

一開始肯定會很緊張，所以必須提前做好心理準備。雖然難免會帶點情緒，但只要明確、如實地向對方傳達自己想說的話就好。

對我而言，這樣的經驗相當寶貴，也讓我養成了不忍耐、把煩惱統統吐出來的習慣（我甚至曾經在YouTube的直播上發飆呢（笑））。

大多數諮商者都是習慣把煩惱吞下肚的類型，他們總擔心自己發飆後會失控，因此不敢反擊而一味隱忍。我會在談話過程中不斷鼓勵他們「對我發飆看看」，有些人會一臉為難地說：「可是我不知道該怎麼發飆……」，但在我不斷鼓勵之下，後來的確也遭遇了為數不少的超強大發飆經驗（笑）！

「你也是會生氣的呢！」「剛剛那樣的氣勢很棒喔」「正因為你是以自己為優先而生氣，以後也請絕對不要忘記這種以自己為優先的感覺」，談話最後我都會這樣勉勵他們。有人甚至因為自己終於生氣了，而激動地流下眼淚。

後來，其中一位諮商者告訴我，她在偷吃的男友面前當場發飆後，男友便下定決心回頭，並且向諮商者求婚。

我聽了便在一旁推波助瀾，記得警告他：「膽敢再偷吃就是找死喔♪」（笑）。

聽說她真的跟男友說了，而且打從那天起，就拿到了男友的手機密碼，還能隨時看對方的LINE和通話紀錄。

果然，認真發飆一次，可以讓人找回屬於自己的人生呢（笑）。

◆乾脆放棄

還有一種原諒是「乾脆放棄」。「咦？前面不是才說不要逃避，而是直面對方當場宣洩出來，現在又說放棄？這不是很矛盾嗎？」想必有些讀者會這麼質疑。但我先前提到的「發飆」，其實並不是那麼簡單就能做到的事。

而的確有些女性無法承受這樣的壓力。

很多人心裡明白說出來是好事，但光是想像自己發飆的場景，就會忍不住開始自責，甚至更覺痛苦。

我曾經以此為主題，舉辦一場萬人諮商活動，共同參與的有心理素質強大的人，也有心理素質較差的人。

這種「乾脆放棄」的方法，就是提供給後者的建議。

雖然心理素質比別人弱小，也說不出自己真正的想法，可是內心依然「無法原諒」！想要別人更重視自己！希望自己也是被愛的！不想再被錯待或不當一回事！對他們而言，這樣的心情已經深深扎入內心。而我想要讓他們知道，也**有一種心理機制是**「因為執著而失去，因為放棄才解脫」。

舉例來說，有些人很堅持「絕對不想過上和父母親一樣的人生」，然而其中絕大多數的人，長大後卻過著和他們父母一樣的人生。

滑過雪的人應該可以理解，即便努力朝「想去的方向」前進，不知為何，腳下卻總是無法隨心所欲。

「哇！要撞到樹了！危險！要趕快閃開才不會撞上啊！」雖然內心驚慌不已，但是眼中只有那棵樹，整個人直直朝著樹衝，最後撞得鼻青臉腫……想必也有人曾經有過類似的經驗吧。

騎自行車的時候也是，雖然想閃開障礙物卻還是迎頭撞上，自己也慘摔在地……

人類的大腦具有實現內心意識的力量。因此，事態很容易朝人們眼中所見的方向進展。

聽到有人說：「請不要去想紅色氣球！」的瞬間，各位腦中閃過的畫面就是「紅色氣球」吧？

所以若老是想著「不可以○○！」反而會讓○○更加深深印在腦海中。

簡言之，如果反覆想著「無法原諒！」或是「才不要像那傢伙一樣呢！」就只會把大腦的意識引導到「想要成為那樣的人」。

也有類似以下的例子。

曾經遭到主管霸凌的人，自己當上主管之後，卻理所當然地認為「我就是這樣忍耐過來的，我的下屬應該也要忍耐」，於是像當年霸凌自己的惡劣主管一樣開始欺凌屬下。

「我絕對不會像母親那樣養我的孩子！」有些女性雖然口口聲聲指責母親撫養自己成長的過程為負面教材，然而等她察覺到自己和孩子之間的隔閡時才發現，原來自己也像母親那樣管教孩子……

「無法原諒！」因為放不下這樣的情感，人生便逐漸與期待的方向背道而馳。這都是源於對情感的執著。

與其陷在這樣的困境之中，不如豁達一點，不再設限。

「算了，和那傢伙一樣也沒差！」這麼一想，反而就此擺脫了「無法原諒！」的情感。

「就算很像那個討厭的人，我依舊是獨立的個體，不可能一模一樣。」一旦看開了，擺脫了執著，就能將過去投入在「無法原諒！」的能量用在自己真正需要的地方。

所以建議讓內心變得豁達並且肯定對方吧！

儘管如此，還是有人會想：「我怎麼樣都無法原諒對方！」但說真的，連我自己也有那種「無論如何只有那傢伙絕對不可原諒」的想法。

當擺脫不了這種念頭，請參考以下的做法。

◆承認自己的情感

每個人都曾面臨到怎麼樣都壓不下情緒，即將失控的暴衝時刻。如果這時正在工作，或是和朋友談話，不僅難以集中注意力，有時甚至不當場一吐為快就感覺渾身不對勁。

大家在戀愛或婚姻中，以及與父母相處上，想必都曾經與對方吵得不可開交。但要是能先了解「情感的組成機制」，就有助於在關係中找回自尊心。

人的情感擁有以下幾種特質：**「暫時的」「並非真心話」「純屬反射」「不會永遠持續下去」**。

許多女性容易陷在情感中難以自拔，而所謂的情感，往往是一時感覺來了就發生了。

「我有這樣的感覺，心裡也是這麼想的」，大腦可以在一瞬間處理好的訊息，內心的處理速度卻遠遠趕不上。於是就會出現「不知道為什麼這麼焦躁不安」「不知道為什麼就是無法原諒」這樣的反應。

更進一步說，當情感活動處在過度高張的狀態，其實內心是混亂的，簡單來說就是「沉不住氣的狀態」。

只要冷靜下來思考，就可以理解，如果內心混亂時做出的判斷，與平靜時做出的判斷一樣，那不是很奇怪嗎？

由此可知，**無法妥善處理情感的人，也無法做出冷靜的判斷**。

說到情感，人的情感有正面的，也有負面的，這些情感都不會永遠存在。即便曾經體驗過快樂至極的感受，也不會終其一生持續下去。

就像去看現場表演，當下彷佛忘了時間流逝，深深陶醉其中，想著：「太棒了！這是我人生中最開心的時刻！現在的我就是最棒的！我的人生來到最高峰了！」然後帶著亢奮的心情就寢。但隔天早上起

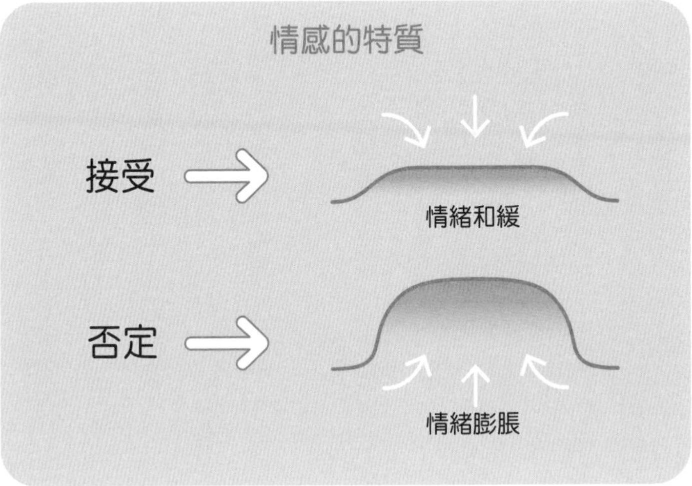

來，原本激動的情緒已然平靜下來……大家應該都有過這樣的經驗吧？

明明前一天才說「絕對要記住這麼快樂的時刻！耶耶！」可是才過了一晚，就變成是：「咦？完全感受不到昨天那股情緒了……」

這就是人體內的「恆定性」，也就是一種動態的體內平衡（homeostasis）。

說得更簡單一點，人體中的自我保護機制，會讓身體維持在恆定的狀態。當體溫上升，身體會排汗降溫；體溫下降時，身體則會讓肌肉發抖產熱。透過這種機制，讓身體環境維持在穩定的狀態。

其實這種機制也會作用在內心與情感上。**情感也有高張後趨於和緩、低落時回復平靜的機制。**

在這裡，希望大家可以理解一項**屬於情感的特質：「接受之後趨向和緩，愈是否定愈是膨脹」**。

「開心就是最棒的！」只要全心全意地肯定內心愉快的情感，心境就會快速平靜下來。

「哎呀！現在要努力不讓自己開心起來！必須壓抑快樂的感覺！」應該沒有人會這樣想吧（笑）。

一旦換成是悲傷、痛苦、焦慮不安等負面的情感，人們反而會說：「不可以一直這麼沮喪」「如果要變強大就不能繼續悲傷下去」「別再焦慮了！」這種否定自身負面情感的話。

然而愈是否定，情感就愈是膨脹。幾個月過去、幾年過去……持續膨脹的負面情感就這樣反覆累加成了人生。

這也是我們常在失戀的人身上會看見的反應。好幾年都忘不了失戀痛苦的人，其實純粹只是陷在不斷的自我否定之中。如果能明白這樣的情感機制，慢慢接納內心的悲傷，即便是失戀，也可能只要三天，情緒就有所好轉。

當然，情況因人而異。以我來說，過去失戀長達半年依舊難以釋懷，卻在實踐這個方法兩天後，就擺脫了失戀的痛苦（笑）。

所以，**確實花點時間去接納自己的悲傷、痛苦、焦慮，對於重拾自尊心而言相當重要。**

實際上，一般人所感受到的「憤怒」或「焦慮不安」「覺得無法原諒」，並不是真正的情感。

它們的**真面目其實是為了掩飾「真正的情感」而反射於外的「偽裝**

的情感」。

「那傢伙真令人生氣！」「不能原諒那個人！」「他實在太過分了！」這些感受的背後，究竟隱藏著怎樣的情感呢？

能否覺察到這些情感，便是找回真正自我的重要關鍵。

雖然以下要說的不見得符合所有人的情況，但是當願意去正視內心，同時不斷剝除那些徒勞的情感，例如「真的很難過啊」「想更被別人重視」「不想再被那樣對待」之後，留下來的便是毫無矯飾而率直的心情，也就是妳心底真正想說的話：「我是如此痛苦又悲傷啊！」

倘若還是無法坦率面對一切，只是一味責備對方，拚命要對方低頭，情緒就不會以悲傷的形式表現出來，反而是更多的憤怒與不諒解。

正因為人的心理機制具備這些特質，覺察到情緒時，請停下來思考自己內心「真實的情感到底是什麼？」

ILTY VOICE

「憤怒」這種情感的背後，隱藏的不只是悲傷與寂寞的感受，
也有著想要被愛、想要別人更重視自己的真實心意喔。

為了享受人生，就要改變「前提」

真正能享受人生、**自尊心保持在最高峰的人，往往認為「自己怎麼樣無所謂」「比起關注自己，享受人生更重要」**。

真要說起來，重視自我感受的階段，其實是以接受「弱小的自己」為前提。

請大家試著想像一下，當手頭只有十萬日圓存款，卻意外失去了九萬日圓；以及在帳戶裡有一億日圓的狀態下失去九萬日圓，哪一種情況會讓人感到更痛苦？雖然都是失去九萬日圓，但因為處境不同，感受到的痛苦程度也有很大的差異。

這時腦中盤旋著「慘了！我之後得多小心點！」的想法，其實就是在說：「存款沒了，剩下的錢得省著用了！」這就是把接受「弱小的自己」當作前提的證據。

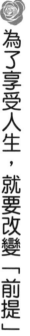

在社會上，人們大多會說「要重視自己的感受」，然而實際上也有很多人「明明很重視自己感受，人生卻依舊毫無起色」。其原因就在心理機制。

就像孩童時期，根本不會去想自我保護這種事吧。對於危險也渾然未覺，一心一意只想從事自己感興趣的活動。某個意義上來說就是自己怎麼樣都無所謂，「受了傷也無妨！」「比起那些，更想沉浸在眼前的事情中」，能夠盡情去做現在極度想做的事就好。

專注在當下，不在意周遭的眼光。我把這種態度叫做**「自己怎麼樣都無所謂狀態」**。

雖然重視自己的感受很重要，但是在自尊心較低的女性身上，容易發現過度重視自身感受的傾向。**她們會把「重視自己的感受＝自我保護」視為一種必須遵守的前提，換句話說，就像是用生命在捍衛一樣。**

我雖然寫的是用生命在捍衛，其實這恰恰反映出她們內心的絕望感。而這種極端重視自己感受的心態，其實會帶來反效果。

懷有這種心態的人們，大多數從孩提時期開始就意識到，自己「原本的樣子」並不被父母所肯定。所以，無論是說話的方式或態度，都不是自己「原本的樣子」，而是那個唯有「當好孩子才能被肯定的自己」，始終處在「真正的自己當不了好孩子很差勁」的自我否定狀態。

如此一來，會變得不知道怎麼去愛自己原本的樣子，只能將世俗眼光的「優秀」作為判斷自身優劣的基礎。

但是，就算這樣也沒關係。

只要讓自己保持在「自己會怎麼樣都無所謂狀態」，就可以一步一步找回自己原本的樣子。

「專注當下，不在意周遭的眼光」，請大家盡可能保持這樣的狀態。

這個時候意識中只存在**五感**。

五感指的就是視覺、聽覺、嗅覺、味覺、觸覺。

其實很多人的五感都很遲鈍，且機能低下。

有人「想要找回自尊心」的同時也會想著「希望獲得幸福」，但幾乎所有人都不明白到底該怎麼做才能感受到幸福。

也有些人雖然懷著「只要重視自己、不再忍耐，就能獲得幸福」的想法，卻又抱怨「都照著去做了卻還是沒有獲得幸福」。

就心理機制來說：**「幸福不是獲得的，而是感受到的」**。

幸福就是，欣賞眼前美景的時刻，聆聽好聽音樂的時刻，聞到香氣的時刻，享用美味料理的時刻，因按摩而全身放鬆的時刻……就是這些來自內心的感受。

內心被觸動的瞬間，往往是你在看、在聽、在碰觸、在品嚐……像這樣運用五感的時刻對吧？**「人是可以透過五感來感受幸福的」**。

因為運用五感去感受，真正的幸福就只有在「現在（當下）」。五感沒辦法用在過去或未來。我們只能透過大腦「「回憶（過去）」和「想像（未來）」」，而非當下的真實感受。

正因如此，我才會反覆提到**「專注在當下」「不要在意周遭眼光」的重要性**。

要活得幸福，就是專注在當下這一瞬間，好好地生活。

很多人都非常在意旁人的目光和評價，並且過度執著世俗的規範。

明明對某些事已經感到厭倦，卻因為「過去這麼做受到好評，還是得繼續做下去」，而緊抓著熟悉的事物或興趣不放。然而，內心一直處在勉強自己的狀態，漸漸地就無法專注在當下，五感愈來愈遲鈍，最後再也感受不到幸福。這就是所謂的「不感症」。

如果要更簡單說明獲得幸福的方法，關鍵就是「不勉強自己」。**所謂勉強自己，就是刻意忽視自己的想法、自己的情感，試圖以意志盡力而為的狀態。**

這就像是待在三溫暖的蒸氣房裡，全身因室內的高溫與高溼度而汗流不止的狀態。假如你是個愛好閱讀的人，你會想在蒸氣房裡閱讀喜歡的書嗎？在將近九十度的室內，汗如雨下，腦袋也昏沉沉的，就算是再熱愛閱讀，窩在裡頭讀書肯定很痛苦吧。

想保持專注卻怎麼樣也做不到，只能耐著高溫枯坐，痛苦地做著自己原本喜歡的事，到頭來，連閱讀都變成一件討厭的事。

過度執著與勉強自己的狀態，就像待在高溫難耐的蒸氣房裡一樣。

長期被飼養在鳥籠中的鳥兒也是如此，長年下來被剝奪了飛行的快樂與自由，最後再也想不起來自己的天性與真正的喜好。

連面對自己喜愛的事物，都處在執著、忍耐的狀態，當然沒辦法好好專注於當下。逐漸遠離了當下此刻的自己，五感也變得愈發遲鈍，明明注視著喜愛的事物，卻感受不到一絲幸福。

這也是為什麼當人們處在過度執著或勉強自己的狀態，始終無法如願快活度日的原因。

所以，如果想要從事自己喜歡或是感到快樂的事，請先從蒸氣房裡走出來吧。

當下此刻，就從那些束縛自己的場所與人際關係中走出來，然後讀一本自己喜歡的書，就能再次享受真正的喜悅。

待在能夠全然放鬆的空間裡，聽著喜歡的音樂，有喜歡的人作伴，或是一個人輕鬆度過都很好，請創造一個最讓妳感到自在的環境。

在那裡，**比起關注自己，你會更「重視人生」**。

「重視人生」的心態，就是會仔細思考「自己是怎樣都不好的嗎？」的狀態。

許多對人生感到苦惱的人都非常重視自己的感受，於是會去翻遍無數心理勵志的書籍，還去參加講座，努力學習愛自己。但事實上，這當中藏著連自己可能也沒察覺到的陷阱。

如同前文中談到的，過度關注自己、過度努力愛自己的人，其實就像那位丟失存款的人一樣，因為僅剩的錢不多而處在「得緊緊看牢剩下的錢才行！」這種焦慮狀態下。因為人生的前提是「想保護弱小的自己」。

然而，不論再怎麼關注這樣的自己，人生也完全不會改變，相信讀到這裡的妳已經很清楚這項事實。

正因為如此，擁有「重視人生」「自己是怎麼樣都無所謂」的心態就很重要。

「沒錢也不會死掉」「生活不好過的時候，還有朋友和家人會伸出援手」「最差的情況至少還能領社會福利金，不會餓死的！」腦海中浮現這些想法時，妳會發現其實自己實在沒必要過得這麼拚命，原本鬱積在內心的焦慮也會在轉瞬間消失。

話說回來，懂得照顧好自己的人，理所當然是懂得享受生活的人。

至今我接觸過形形色色的成功人士，他們的共通點就是打從心裡認同「本來就該好好重視自己！」「我不認同那些要等生命走到最後一刻才明白自己是最重要的人！」「既然剩下的人生已經交由命運決定了，至少要在有限的時間內活得開心！」這些發自內心本質的想法。

享受生活的人只要跟隨自己的感覺，然後去實踐它，就是在重視把「人生」放在「自己怎樣都好」之上的每一個瞬間。

順帶一提，這裡所謂的「人生」，指的是「時間」。

時間之於每個人都是平等的，每個人的一天同樣有二十四小時，一年也同樣有三百六十五天。

有些人會把時間花在「著迷於某些事物上」「絕不原諒某個人」，或是「浪費時間去批評別人」。但也有人是「不想浪費自己的時間」「像這種事怎麼樣都無所謂」，我認為他們才是真正懂得好好照顧自己人生的人。

重視「自己的人生＝時間」而活的人，認為這樣活著是理所當然的。

可是，沒有任何人是因為意識到了那些理所當然的事，然後才去行動。就像我也沒看過有人在走路時會先意識到「跨出右腳後，再跨出左腳就能前進」。

也沒有人會去思考「啊，呼吸這個動作可以吸入氧氣、吐出二氧化碳，所以我們才能活在這世上」這種事吧（笑）。

因為那些都是理所當然的事。

我們不用去介意那些理所當然的事情，只要不假思索地度過每一天就好。

提出「毅力論」想要重視「自己」的人，結果人生依舊毫無改變；但不再忍耐，而是專注當下用五感享樂的人，人生反倒活得更加愜意，同時也能找回自尊心。正是「自己會怎麼樣無所謂」的想法，才能把注意力從自己身上移開。

另一方面，老是把重心放在自己身上的毛病則是因為對自己過度操心，心裡不時會吶喊著「我自己會……我的話就……我啊、我、我……！」外表雖看不出來，內心卻總是處在焦慮狀態。

我在前面說過，嬰孩的自尊心是最高的，這是因為嬰孩只會注意當下發生的事，完全不管過去或未來。現在，專注在當下這一瞬間，在起心動念時全力去做想做的事情。先把這麼做可能會造成周遭人困擾的想法擺在一邊，就算三更半夜想起，大哭一場後就忘得一乾二淨，全力活出屬於自己的人生。嬰孩即使如此率性地活著，依舊能夠獲得父母與身邊長輩無條件的愛。

比起只關注自己的人，懂得享受人生的人看起來更開朗、快樂，顯得更加從容不迫且不裝模作樣，而且，他們會優先重視自己的五感。這也是無論在戀愛或工作上，都能夠被更多人喜愛的祕訣。

所以，請向嬰孩學習，把大量的時間留給自己，同時**多給自己一點時間來運用五感**。

不要半途而廢。能夠做到這一點的妳將會變得強大！請活出連自己都目不轉睛的人生。

「好，為了自己加油吧！」像這種溫吞軟弱的氣勢也不行。要在給予自己的時間是多得令人不敢置信的情況下，「盡情享受變得強大的人生」。請抱著這樣的心情，找回屬於自己的幸福。

雖然至今幾十年的人生中總是一味地隱忍，隨時顧慮別人，始終把自己內心真正的想法放在最後才考慮，但從今天開始，請把自己的事擺在第一順位。

只要願意花時間，妳一定能夠找回自己的人生。

相信妳一定會有感到迷惘，不確定自己是否走在正確道路上的時候。這時候的指標就是「只要能露出笑容就是正確答案！」「無法展現笑容就是錯誤答案！」愉快地去做事很重要。若非認真而是「嚴肅」以對，那可不行。

請務必好好享受人生，以讓自己被愛。

ILTY VOICE

在父母面前，可以無條件地被愛，無條件地被認同。
愛只要有了條件，就令人感到痛苦

但就算是這樣，妳就是妳，
別忘了妳就是那個很棒的存在。

首先妳要做的，就是無條件地接受妳自己。

第五章

排除成見？

閱讀本章之前

現代人往往擁有許多煩惱，對人生感到困惑，常會為了追求「人生的正確答案」去讀一些勵志書，或是瀏覽YouTube影片、報名課程等等。這些行動一點也沒有錯，而且精神可嘉。正是因為這分想要變得更好的心情，人才會成長。

但也正是在這種時候，才必須格外注意一件事：**不要被「情緒」所左右。**

在過去的戀愛或是人際關係中，妳是否曾經因為發生討厭的事，而一時間情緒上來暴跳如雷，以致處事上失去冷靜的判斷？

其實在面對情緒時，**大腦容易陷入短暫的恐慌與混亂狀態，就算當下打定主意想學習，大腦也完全不是處在有能力吸收學習的狀態。**內心受情緒影響而變得沮喪，大腦充斥著負面情感，也會進而排斥接受新的知識。

因此，想要解決煩惱或問題時，最重要的就是「先平復情緒」。

情緒上來的時候，妳可能會病急亂投醫，到處問人建議，或是想和引起自身困擾的人談談。可是因為內心一片混亂，這麼做反而只會讓事情變得更嚴重。

而**最棘手的是，內心混亂的人往往不會發現自己內心是混亂的。**所以無論如何，先讓情緒平復下來才是第一要務。

可以參考以下的方法：

- **向願意靜靜聽自己抱怨的朋友一吐為快**
- **在紙上寫下這些情緒**
- **充分運用感官去感受**

「煩惱」與「思考」是感覺上很接近，但全然不同的兩件事。

「煩惱」是一種將事實與情感混為一談的狀態。
「思考」是一種將事實與情感分開看待的狀態。

因此，當思考超過十秒仍在迴圈裡打轉，就只是在煩惱罷了。我建議可以將事實與所感受到的情緒，全部寫在一張紙上，讓一切可視化。

實際的做法收錄在我回饋給購入本書讀者的獨家小禮「提升女子力的筆記術」中，這也是教妳如何與自己相處的教科書，請務必在讀完這本書之後善加利用。

ILTY VOICE

每當我想向朋友抱怨，
我都會說：「我請你吃飯，請聽我發發牢騷吧！」（笑）。
也請充分考慮到朋友的感受喔♪

低自尊的人會有異常強烈的「成見」

「我的自尊心很低」「也許我是低自尊者」「我對自己缺乏自信」「雖然也不是完全沒自信，但不曉得為什麼人緣不好」。女性的煩惱幾乎大半都來自於「成見」。

這種「成見」有兩大特徵：「刻板印象」與「負面詮釋」。

舉例來說，當被問到「十圓硬幣是什麼形狀？」妳會怎麼回答？大多數人都會回答說是「圓形」吧。但這就是從單一面向觀察後的答案。

如果把圓形的十圓硬幣立起來，從正上方看下去，又會變成什麼形狀呢？

看見的硬幣側面就成了長方形對吧。

只要改變觀看的角度，十圓硬幣的形狀也會變得不同。

再舉一個例子，地球的英文是什麼呢？

應該是「Earth」沒錯吧？但是請注意這個詞彙中間的字母。「Earth」→「art」，地球裡藏著藝術這個詞。所以若從這個角度看，這個地球就是充滿藝術和美好的世界。

藉由轉換一直以來觀看事物的角度與詮釋方式，就會產生不同於以往的認知。

這就是我們常說的「打開視野」。

我曾經接受許多女性有關戀愛與人際關係的諮商，很多時候我都可以從各種角度來解決問題，考量不同的可能性，並且幫助這些女性解決她們的煩惱。

可是，低自尊心的女性往往會抱持著「我認為就是這樣」的成見，不僅完全不改變自身認知，還非常固執。

她們因為內心的成見而變得眼光短淺，同時承受不必要的痛苦，即便如此，她們還是固守自己的立場，並且在長期負面思考中感受到極大的壓力……。這種成見聽起來很難以置信，然而非常多女性深受因成見而生的煩惱所苦，平白浪費了許多時間。

這些煩惱的女性在日常人際關係中通常很善於察言觀色，其中不少人認為自己明明可以經營好人緣，談戀愛時卻無法做自己，進而與男友分手；明明自己在職場上深受晚輩尊敬與前輩喜愛，私底下卻不敢違抗男友的意見……。

所以，談愈多戀愛，自尊心反而變得愈低，而內心深刻的成見也會破壞與伴侶之間的關係。

為什麼會這樣呢？**從「心理機制」來看，人會因壓力而造成思考能力低落**。這也導致「意識水平」（Conscious Level）下降，例如平時遵守交通規則、絕不闖紅燈的人，一旦發生不愉快的事，累積壓力時，有時會產生「唔，這點程度算不了什麼嘛」這樣自我中心的思考。

就算是平時致力於想被大家尊敬的人，也會因為壓力而突然提高自我保護意識，甚至說出「只要自己好就行」這種話，就像變了個人似地，無論是言論或行動都出現大幅轉變。

低自尊心的女性基本上會採取負面思考，不管發生什麼事都只看得到不好的一面，就這樣累積起更多的負面思考，面對任何人都容易感到壓力。

如此一來，**思考力與意識水平也會變得日益低落，在一般人際關係中絕對不會做的事或說的話，卻在談戀愛時下意識表現出來，並且陷入持續的惡性循環。這就是擁有強烈成見的女性的「心理機制」**。

在這裡補充一下，大家聽過成功法則的公式嗎？也就是（**成功＝能**

力×熱情×思考」。讓能力從〇提升到一〇〇，或是將熱情從〇提升到一〇〇，邁向成功的重點當然是要比現在的自己更好，但關鍵仍取決於「思考」是正向，抑或負向。總是負面思考的人，不管本身能力多好、擁有多高的熱情，最終都只會得到負面的結果。

「我都這麼努力要求自己了，為什麼人生還是這麼不順？」常這麼抱怨的女性，很可能就是在強烈成見的影響下，潛意識產生許多負面思考。因此當務之急就是：放下內心的成見。

ILTY VOICE

人生道路上的迷惘雖然令人痛苦，卻也是一種獨特的人生體驗。
回顧過往的人生，
有時候會發現，繞的遠路反而才是人生的捷徑。
就算感覺走了很遠的路，但一切都並非徒勞無功。
不妨盡情享受人生吧♪

成見的真面目

不過，我們口中的「成見」到底是什麼呢？

那就是迄今以來生活中所形成的「前提」。

「妳是什麼樣的人？」對妳而言，這就是基於前提所形成的一種成見。

更嚴格說來，就是妳打從出生那瞬間，到閱讀這本書的此刻所形成的態度。

在這段人生中，妳的身邊是否曾經發生或是自身曾遭遇過哪些事呢？而這當中的每一件事，都造就了這個前提。

好比說「孩提時期感到被父母冷落」「家境貧窮」「父母離婚」「在學校被霸凌」「向喜歡的人告白失敗」「因為另一半偷吃而分手」「考試受挫」等經歷，都是形成「前提」的重要因素。

其他像是「被三個人同時告白」「和有錢人交往」「在班上考第一名」「意外因剛起步的事業賺到三十萬日圓」「算命結果百分百命中」等特殊事件，也是形成「前提」的可能因素。

然後，對於以上這些因素**「妳有什麼樣的感覺？」以及「妳如何去認知這件因素？」等主觀看法，便逐漸建構出妳內心的強烈成見**。

即便是相同的情況，妳如何去認知它，無論是正面還是負面，主觀上的認知都會成為只屬於妳自己的前提。

也有這樣的例子。

某個國家有一對十歲的雙胞胎男孩，男孩們沒有媽媽，爸爸每天無所事事，只會要求兩個孩子出外工作，並把男孩賺來的錢都拿去虛擲買醉。兩兄弟每天都過得很辛苦，卻還是努力活著。

雙胞胎長大後離開父親獨立生活。

他們之後怎麼樣了呢？其中一個男孩像父親一樣成了酒鬼，每天爛醉如泥；另一個男孩則滴酒不沾，並開創了自己的事業。雖是在同一個環境下長大的雙胞胎兄弟，人生卻有一百八十度截然不同的走向。

曾經有人訪問這一對雙胞胎。

「為什麼你們兩人明明在同樣的環境下出生長大，接受同樣的教育，卻走上截然不同的人生？」

對於這個問題，各自接受訪問的雙胞胎卻給出了同一個答案。

他們說：

「都是因為有那樣的老爸，我才會變成這個樣子！」

和父親走上同樣人生的男人，宣稱父親才是自己人生的推手：「就是因為被那種老爸養大，才讓我也成了酒鬼！」「都是父親的錯，我的人生才變成這樣。因為是那傢伙的小孩，我才成了這副模樣。」

沒有耽溺在酒精中而是開創自己事業的男人，則將父親視為人生的反面教材：「酒這種東西不要碰才有未來，我小時候就知道了」「多虧了父親，讓我明白自己多討厭那樣的人生；多虧了他，讓我變得獨立，同時知道當自己不去做這件事，就可以避免步上父親後塵。」

即使擁有相同的經驗，透過不同的觀看角度與詮釋方式，人生就會變得全然不同。

無論是酗酒的男人，還是創業的男人，這對成長環境與自身條件一模一樣的雙胞胎，都認為自己的看法是正確的，並就此走上一百八十度截然不同的人生。

一直以來，妳的人生形成了什麼樣的「前提」？妳又是如何去解釋它的？這些都是為了找回自己的人生所必須認真面對的問題。

我進行過相當多諮詢與面談，察覺到女性特別容易出現「我的解釋才是正確的！」這樣的固執心態。

對於被形塑出的低自尊心的「成見」，深受其害的人們會將他人一律視為加害者，在這樣可悲的連鎖效應下，這股偏見與受害者情節將跨越世代擴大下去……。

不過，只要知道了自尊心弱化的原因，就可以藉由將這些莫名的解釋或成見轉化為其他事物，讓人生朝更好的方向邁進。

我之後會說明擺脫成見的方法。

ILTY VOICE

如果像純愛電影那樣，從頭到尾都小鹿亂撞應該很膩吧？
同樣的道理，要是覺得現在的人生很痛苦，
只要努力，未來就會逆轉！

妳就是自己人生的主人，是人生中的公主。
妳最後一定會幸福的，所以請擺脫執著、大膽享受吧♪

妳看到的「現實」是自己想看的

如同前面所說，**走在人生的道路上，妳會建立起自己的「前提」，然後活在這樣的偏見中。**

然而這當中最令人頭痛的是，自尊心愈低的人，在面對各種事情上，往往採取「我認為應該要這樣」「我希望是這樣！」這種「主觀臆斷」的態度。

也有些人只看見對自己有利的觀點，並由此做出判斷：「我應該要這樣」「爸媽應該要這樣」「朋友應該要這樣」「身為另一半應該要這樣」「作為男友應該要這樣」「既然是女友應該要這樣」「我想要這樣，我希望事情變成這樣」「因為是男孩子嘛，畢竟只是女生啊」「妳是姊姊啊；誰教你是哥哥呢」「因為是父母才會這樣想，應該要這樣做才對」。

我們在面對別人的時候，看見的往往不是眼前的那個人，而是先透過了自己的前提與解釋這層濾鏡，來形塑出對方的形象。

妳所看到的現實是自己想看到的。

簡單來說，妳會基於何種前提來看待眼前的世界，「解釋」扮演著非常重要的角色。因為「解釋」會在妳內心形成「成見」，引起妳與別人之間的誤解與分歧。

當前面所提到如「應該要這樣！」「這樣做才對！」這種主觀臆斷成了自身奉行的原則，一旦有人打破這個原則，妳不僅會對對方產生敵意，也絕對無法與對方親近起來。

儘管對於原本價值觀就合不來的人，可以採取「疏遠」「保持距離」的態度就好，但是當好友、交往或結婚對象、自己的父母或孩子等身邊較親近的人做出了不符合妳原則的行動，就會產生自己被否定的感覺，也可能會對對方感到惱怒。

另一方面，如同自己有著規則般，對方應該也有自己的規則。這麼一來，或許對方也會因為妳破壞了他的規則而惱怒。

如此一來，彼此間就會因為成見或擅自的想法而發生誤解，導致關係惡化。

還有一點也很令人頭痛，**低自尊心的人只要心情不好或情感變得混亂時，往往會將現實生活中的不順遂歸咎到周遭人身上**。

妳不妨試想這個禮拜有沒有感到煩躁或不高興的時刻？像是被爸媽過度保護而覺得煩躁；因為超商店員態度不佳而生氣；好不容易等到休假日出遊卻得聯繫工作上的事；被交往對象說了不中聽的話而發火……是否在某個瞬間忽然感到煩躁或不悅呢？

到底是什麼原因造成了妳對這些事情感到煩躁或不悅？

有些人即便遭遇到和妳同樣的狀況，也不會心情低落或甚至發起脾氣來。但為什麼妳卻會因此感到煩躁或不悅？為什麼妳會把自己的情緒歸咎在對方身上？

妳真的敢說百分百和自己無關嗎？

就算真如妳所說，難道就找不出一種做法可以讓自己與對方都感到愉快和幸福嗎？

接下來我會進一步探討隱藏在這些情緒背後，足以改變各位人生的重要概念——「前提」與「解釋」。

ILTY VOICE

僵著一張臉的時候，連思考都會停滯。
現在，閱讀這本書時，妳的臉色還好嗎？
應該不是板著一張臉吧？
從這一頁開始，先笑一個然後再繼續閱讀吧♪

放下成見，行動也會跟著改變

從心理機制來看，我們可以透過「如何解釋眼前的事物」，來澈底改變人生。

前面我們談過，人會因為成見而行動，但其實**只要放下成見，人的行動就會出現驚人的轉變**。

我在這裡要說的是，放下成見之後，就會改變對事物的解釋，這時內心的情感也會產生變化。

請大家想像一下。

妳終於買了憧憬已久的新車。這是妳過去一直想買的高級車款。

今天是交車日。

妳很早就決定交車當天要開去兜風，所以喜孜孜地享受在駕駛新車的好心情之中。才上了山路，妳就瞥見路旁站著一個約十歲的男孩。經過那小孩面前時，只見他忽然將手上的小石頭丟向自己。

剛買的新車被小石頭砸中後發出清脆的碰撞聲。

驀然間，妳大驚失色，心想：「到底怎麼回事？」接著又想到剛買的新車被砸傷了，感到氣憤不已。

於是妳停下車，朝丟小石頭的男孩走去。這時，妳對小男孩說的第一句話會是什麼？無論說什麼，都是懷著憤怒又難過的心情吧。

妳當然是被丟小石頭的「受害者」，對方則是無來由就丟小石頭的「加害者」。理所當然要將這股怒氣發洩在小男孩的身上。

但就在妳開口前，小男孩對妳說：

「謝謝妳停下來！」

聽到這句話，妳可能會愣在原地，感到吃驚又困惑。

小男孩接著說：「我媽媽不小心掉到山崖下須要幫忙！可是大家都不願意停車，我無計可施只好丟小石頭。真的很對不起，弄傷了妳的車。但請妳幫幫我媽媽！」

聽到這裡，妳內心的情感會出現怎樣的變化？

原本快滿出來的怒氣瞬間就消失了，而且立刻轉變成「非幫這孩子不可」的心情吧？

就這樣，小男孩從妳眼中的「加害者」變成了「受害者」。妳對那孩子的解釋轉變成「為了母親這麼勇敢，太了不起了！」的瞬間，內心的情感也變得截然不同。

這樣的轉變幾乎就在片刻間。

人類是情感的動物，情感一轉變，行動也會跟著改變。

因成見而生的情感，一旦改變了前提或解釋，就會隨之改變。

這就是「情感一轉變，行動也會跟著改變」的心理機制。

在「小男孩朝自己的車子丟小石頭↓為什麼要丟石頭？↓想要幫助媽媽」這個情境中的事實是「孩子因為想要幫助母親，為了讓車子停下來才丟小石頭」。

對於同一個事實，有的人會這麼解釋：「孩子才是受害者」「這孩子真孝順啊，又有勇氣，了不起！」「緊急之下只能丟小石頭了」「這也沒辦法啊」；也有人這麼解釋：「不對不對，小男孩根本是加害者」「可以理解他的心情，但應該還有其他辦法才對」「居然弄傷車子！」「我才剛買的吔！」「一定要叫你爸媽賠償！」

簡言之，這世界上不只有一種解釋。**即使事實只有一個，卻存在無限多種解釋。**

大家對於這個世界、對於戀愛、對於工作、對於人際關係，以及對於妳自己，抱持著怎樣的前提和解釋呢？又有著怎樣的「臆斷」與「定義」呢？這些我們眼中看不見的事物，著實深深影響著各位的人生。

在這當中，或許也存在著一種在潛意識中貶低自我的成見。

舉例來說，過去的交往對象性格散漫，常常不遵守約定，約會遲到三十分鐘以上可說家常便飯……交往三年後依然沒有改變，妳心中自然會萌生「他其實一點也不在意我吧……」的想法。

和對方分手之後，遇見了很棒的男性。經過一段時間相處，妳心想：「啊，他真的很珍惜我！」「能夠和他在一起真好！」然而在兩人約會當天，對方超過了約定時間三十分鐘以上都還沒來，傳LINE也沒讀，這時妳內心作何感受呢？又會如何解釋這樣的處境？

大多數的低自尊心女性會覺得「原來他並不那麼在意我啊……」一

邊責備自己輕易相信了對方，同時認定對方是個差勁的傢伙。

之所以會出現這樣的態度，都是因為過去的交往對象總是漫不在乎對待自己的緣故。也由於那段不堪而悲傷的往事，一旦遇到類似的狀況時，當時的感受就會湧上心頭。「約會遲到・不讀訊息＝不在意我」，過去的經歷造就了現在的解釋。

可是，事實真的是這樣嗎？

就在妳站在約定地點唉聲嘆氣的時候，或許對方其實正在上氣不接下氣趕來赴約的路上。當妳聽到他連番道歉：「對不起，我遲到了！其實我過來的路上，看見一個拖著大行李的老奶奶突然昏倒，為了幫助她花了點時間，雖然想聯絡妳，卻因為手機忘了充電關機……讓妳擔心了很抱歉，為了表達我的歉意，今天讓我請妳吃飯吧！」這時妳又會是怎樣的心情呢？

是否覺得「啊……看來不是我被討厭……」而感到安心了呢？

當對方忽然失聯，而且超過約定時間很久還沒到，有些人會先擔心「他是不是出了意外？」「也可能睡過頭了？」「還是被捲進了什麼麻煩裡？」但多數來找我諮詢的女性中，卻往往一面倒地覺得「他應該是不喜歡我吧？」「也不回個訊息真討厭」，第一時間想到的是責備對方。也有些人會在潛意識中自我貶低，變得很沮喪，並且透過批評對方來自我保護。

基於過往經驗而生的成見會形成妳的「前提」，同時決定妳的行動。即便看見同樣的事物、遭遇到同樣的狀況，妳對這一切的解釋**，將會澈底改變你的人生。**

這些觀念可能不好消化，但妳內心的成見總是在潛意識中建立妳的「前提」，這在生活中相當稀鬆平常。

為了避免緣分擦身而過，讓人生變得更美好，努力去理解對方「為什麼會這麼做？」以及確認「事情真的是這樣嗎？」很重要。

就像先前提到過的那個朝車子投小石頭的孩子，他並不想刮傷車子，這麼做只是為了幫助受困的母親。聽完孩子的解釋，並且實際確認過之後，原本的怒氣就會煙消雲散，並且萌生「為了幫助母親也是沒辦法的事！」的念頭吧。

大家是否曾經有過以下的經驗？沒好好確認過事實就做出主觀的臆測或判斷，並因此陷入憤怒的情緒之中。

事實上，那就是成見的真面目。

ILTY VOICE

光是能放下成見，就可以讓原本黑白的人生轉瞬間變成彩色的。

但別忘了，

妳的人生打從出生那瞬間就是彩色的。

只是妳忘了它其實擁有色彩！

不知不覺簽下「看不見的契約」

那麼，為什麼內心會產生成見呢？

要理解這一點，接下來的說明相當重要。

我在第二章談過「所謂的自尊心，就是妳有多喜歡自己」。歸根究柢，**當妳覺得並不喜歡原本自己的那一刻，就是在否定自己的「存在」**。

所以，低自尊心的女性也很容易產生「我有存在這個世界的價值嗎？」這種「前提」。

事實上，這種**對於存在的否定，正是我們所有人煩惱的來源**。

在這裡就會涉及第一章所提到的，人們在本質上的煩惱：「一、覺得不被愛」「二、覺得不滿足」。

這都來自於「**對於存在的否定＝不被愛」這樣的「前提**」。

而一旦否定了自身的存在價值，當然就很難建立起自信心。自己這樣做是正確的嗎？還是錯誤的？做正確事的自己有存在的價值嗎？在這樣無意識地反覆思量下，煩惱便於焉而生。

也正是因為缺乏自信心，所以無法去肯定不被他人認同的自己。**不少缺乏自信的女性，只要沒有獲得別人的認可就無法感到安心。**

「～這樣好嗎？」「～這樣沒有問題嗎？」她們總是反覆確認旁人的認可，藉由盡可能達到別人的期待，才能真正肯定自己的存在。在某種意義上，**這種認可制人生正是活在他人的評價中，並且為此在喜悅和憂慮的情緒間不斷切換，是鎮日煩惱的人生。**

否定自身存在的人，自我價值感也相對低落。

自我價值感是一種「認為自己是特別的」的心理狀態。為了提升內心低落的自我價值感，這些人會致力於「尋求周遭的認同」「想要給人留下很棒的印象」「想要更亮眼」「想變得獨一無二」等。

滿足了自身的認同欲求之後，就能進一步肯定「我是有價值的！」

像是「年收高」「在大企業上班」「人脈廣」「知道很棒的店」「住在漂亮的房子裡」「社群追蹤人數很多」，這些欲求特別常見於男性，亦即是「想要被周遭認同」「想要擁有好評價」的心理。因為這樣才會覺得自己有價值，才能感受到自己存在的意義。所以，一旦「年收下滑」「追蹤人數減少」「住在租金便宜的房子裡」，就會覺得自己的人生等級遠遠比不上別人而感到恐懼不已。當妳將人生的變動解釋成「人生等級變差＝自我價值低落」，就會拚了命抗拒這樣的結果。

於是妳「幾乎無法休息（可沒時間偷懶！）」腦中只想著「要與出色的人建立好關係」，無法做出冷靜的判斷，導致被可疑的人欺騙，甚至遭到背叛……如此一來，自尊反而變得低落，煩惱也愈來愈多……就這樣陷在可怕的負面循環之中。

另一方面，女性容易因為談戀愛而感到自己被肯定。

有些女性認定的「前提」是：「男友＝認可我的人、愛我的人」「結婚＝締結只愛我一個人的契約」；有些人的「前提」則是：「男友＝沉浸在能夠與高素質男人交往的自豪感中」「結婚＝正式步入人妻行列」。

也有不少女性基於內心的焦慮而形成這樣的「前提」：「想要一個能夠滿足我的男朋友！」「為了感到安心，所以想盡快結婚！」

於是，這些女性**彷彿擅自和對方簽下了一分看不見的契約**。

並且在契約中設定諸如「我會這樣做，所以你也要這樣做」「我已經做了這些，你也應該要這樣」這類**「要求」**。明明從未和對方好好談過或討論，便任意決定了一切。

「看不見的要求」的具體例子包括：「我都努力擠出時間了，你也要空出時間來！」「都傳LINE給你了，聊天要熱烈一點啊！」「既然是你提出要約會，應該是你請客吧！」

尤其是自尊心較低的女性，因為想感受自我價值，就會避免讓自己在戀愛中遭受損失。

所以在這分任意簽下的**「以戀愛為名的契約」**中，隱含的就是不讓自己遭受損失的價值觀。假如交往對象違反了契約，就會非常嚴厲地指責對方。

戀愛明明是自由的，這些女性卻會因為「沒按照我的想法進行」這樣的「前提」而自顧自生起氣來。

雖然是自己擅作主張在內心簽下了契約，但只要對方沒按照自己的期望行動，就會感到很苦惱。

為什麼她們會這樣想？

這要回到我在前文中提出的問題：**「我有存在的價值嗎？」**無法接受、**肯定原本的自己，才是根本原因**。

因為自己的父母「無法接受原本的自己」「無法去愛原原本本的自己」，所以「一無所得的自己就沒有存在價值」「一無所有的自己就無法被愛」。這就是她們的思考邏輯。

打從孩提時期就這樣思考的人，往往處在極度缺乏愛的狀態，相較於自己對愛的渴求，獲得的比例相當匱乏，經常處在內心未獲滿足的恐懼中。

其實每個人都一樣，當自己的銀行存款快見底了，卻還得不斷給其他人錢，想必也會覺得：「是我陷入困境，是我需要錢才對！」並為此感到焦慮吧？

同樣的道理，正因為處在內心未獲滿足的恐懼中，所以極度排斥只有自己在辛苦付出、只有自己遭受損失的交往關係。於是，儘管沒說出口，內心卻隱隱形成「既然我全心全意付出、投資在你身上，絕對要得到回報！」的交往前提。

這樣的心態其實不局限於戀愛，也會出現在諸如工作、家庭、育兒、交友等各種人際關係中。

「我加班這麼辛苦！」「照顧孩子可累人了！」「能陪你就該感激才對！」「我都請客了！」所以「你怎麼可以對我這種態度！」一副對方犯了什麼滔天大罪一樣，盛氣凌人地開罵……。

「想要被對方認同」「想要被對方接受」「想要對方回報」，懷著這些「前提」生活的人們，將一直過著問題一觸即發的人生，而且有著無窮無盡的煩惱。

ILTY VOICE

內心沒有餘裕的時候，就無法坦率地感受喜悅，反而會持續製造煩惱。

這時，與其用大腦思考，不如先讓身體好好休息吧！

今天就加點入浴劑來泡澡，讓身心大大滿足♪

不幸的自己還比較好

各位會拿起這本書，我認為主要是想談一場幸福的戀愛，或是為了讓自己的人生變得更好。

而且說真的，或許也已經受夠了不斷自尋煩惱的人生。

但即便如此，在廣大苦惱的女性中，還是有人會自尋煩惱。

為什麼煩惱如此消耗身心，她們卻還是執著於這些煩惱？接下來，我就要為各位解開這個謎。

不過，我希望大家在找回真正的自己、從此改變人生之前，要先認知到一件事：

妳過去經歷過怎樣的人生其實並不重要。雖然多少有些影響，但並不是妳無法改變的主要因素。

人生就是不斷在選擇。
能否選擇並展開真正能改變未來人生的行動，取決於妳是否能夠做出決斷。

人生中，各位總是不斷在做出選擇，然後一路走到現在。無論是做或不做，其實意義上都一樣，都是屬於妳的決斷。所以並不是「不行動」或「無法行動」，只不過是妳做出了「不做」的「選擇」罷了。

從過去到現在，妳在各種處境下做出了許許多多的選擇。

往右走、往左走、往前走，還是停下來？現在就做，還是晚點再做？今天做，還是明天做？我認為每一種選擇都有其理由。有些選擇是出於「可取得某些好處或利益」，例如「現在立刻去做才有意義」「現在立刻去做才能無後顧之憂」；有些則是潛意識做出有利於自己的選擇，例如「晚點做好像會比較有幹勁」「單純覺得麻煩就先擱置」。

我在前文中也提過，人的內心存在一種心理機制：「只會做出有利於自己的行動」。

不管面對怎樣的情況，無論何時何地，人只會做出有利於自己的行動。更具體地說，不幸也好、依賴別人也好、自我貶低也好，都是有利於自己的行動。

但很多人聽完這段話之後會忿忿地對我說：「才不是那樣呢！」「不是說了我想要變得幸福嗎！」

這是因為**非常少人能夠坦率承認自己隱藏在內心的真正想法**。

但是也有在無意識中這麼做的人，聽了這話之後情緒上有點波動，那正是因為被說中了心理狀態。

人一旦被說中想極力隱藏的心事，就會出乎意料地變得煩躁惱怒。為了不讓人察覺內心的祕密，就會竭盡全力藏起這一面。

假如對一名瘦子說：「好胖喔！」「你這肥豬！」對方只會困惑地

愣在原地，一點也不會生氣。

若又朝另一個人說：「好胖喔！」「你這肥豬！」但那人早已認定胖才像他自己，聽了妳這番話後也許會丟下一句：「唔，這是事實啊。」然後拍拍屁股走開。

但也有以下的例子。

最近，妳覺得自己好像變胖了，體重也的確增加了，每次照鏡子都覺得很不妙……於是妳打算開始節食減重。

這時如果突然有人對妳說：「欸，妳變胖了嗎？小腹和下巴有點明顯喔？」應該會當場大受衝擊吧？

為什麼會受到打擊呢？因為變胖正是妳想隱藏起來的事。

因為被發現變胖而覺得羞恥，雖然想隱瞞卻還是被察覺了……對於肥胖的「自覺」冷不防被指了出來而大受打擊……。

這種衝擊會在不同的人身上引發「悲傷」「孤獨」等情感，同時反

射性地讓人感到憤怒。

雖然是用身材舉例，但回到一開始說的，人只會做出有利於自己的行動。「就算會不幸也沒關係！那樣對我才好！」「但從一般人的眼光來看，這麼說並不妥，所以還是擺在心裡吧！」也有人是這樣思考的。

有的女性會在戀愛中，對交往對象採取「試探行動」，或是自豪地告訴別人自己在這段感情中付出的努力，一邊抱怨「都我在累」，一邊沾沾自喜地展示自身的不幸。我把這種行為稱之為「**弱者戰略**」。

藉由表現得弱不禁風，假裝不幸的模樣，引來旁人的照顧與同情，讓周遭的人們給予更多的愛與關懷。

想要被愛，想要與對方建立連結，想成為別人眼中獨特而重要的存在，低自尊心的女性特別容易採取這種「弱者戰略」。

這也是她們格外執著於煩惱的理由。

她們之所以這麼做，是因為幼年時期弱小的自己總是被人呵護，在愛與支持下安心長大。於是長大後也認定，「只要表現出不幸、一副須要被保護的脆弱模樣，就可以獲得周遭人的關愛！」

也因為這樣的成見，便創造出了「自己是不幸的」這樣的「前提」。

不過，也有些女性是在無意識中創造出不幸的「前提」。由於是在無意識下強化了這一點，很容易視為理所當然而不加思索，平常施展弱者戰略就像呼吸般再自然不過。假裝不幸這回事就和吃飯時「伸筷挾菜送入口中」一樣不用經過大腦。

人類原本就是會對所有事物做出選擇與決斷的生物。

有些女性儘管也可以強悍地活著，但內心想被愛的欲求更為強大，比起努力磨練自己，還是寧可選擇依賴別人而活。

與此同時，為了確保被愛，會更加執著於維持自己脆弱的形象。

普遍來說，即使平時一副精明幹練的人，談起戀愛來也容易展現出柔弱的依賴體質。

要糾正這個習慣，就要打從心底坦率地認知到「這個策略行不通」。只要了解到這一點，就不會想再嘗試。

為什麼她們會在對方面前表現出脆弱，並且變得依賴呢？因為第一次嘗試的效果非常顯著。

和對方雖然彼此喜歡，但還是感到有點不安。當兩人處在這種關係，即使在言行上稍微表現出「鬱嬌」*感，對方還是會努力地關心妳。於是妳很開心，覺得「我是被愛的！」可是隨著時間一長，卻又開始變得不安……。

＊註：網路用語，指有心理問題或疾病、須要做心理方面疏導的人。這類人通常會表現出略為神經質、情緒起伏大、有控制欲等精神不安定的狀態。

面對這種情況時，該怎麼做——

大多數人還是會採行過去奏效的策略吧？透過同樣的方法來測試對方的愛。

可是兩次、三次下來……漸漸發現不再管用。對方似乎也變得愈來愈不耐煩……。

這時妳才發現：

「咦，以前明明都有效，為什麼現在卻不管用了？」

結果不如自己預期，於是妳大受衝擊，內心陷入混亂。

怎麼辦？除此之外，不曉得還有什麼方法能引起他的注意。除了假裝不幸，還有其他策略可行嗎……該怎麼做比較好……。

換作是理性沉著的女性，由於追求的是和對方建立起良好緊密的關係，所以在修復兩人關係時，也會採取「坐下來好好談」「明快道歉」等坦率的行動。

這就是改變人生的行動與持續耽溺在煩惱中的分歧點。

人是一種「想要證明自己是正確的」的生物。亦即有著「我才是正確的！」這種欲求。

那麼問題來了：到底什麼是正確？

答案是：自己所建立的「前提」。

有些人不喜歡原原本本的自己，往往容易陷入自己不該存在於這個世界的苦惱中。與此同時，潛意識中也會建立起自己眼中的正確前提：「我很不幸！」「沒有人愛我！」

異常執著於煩惱的女性會緊抓著這個「前提」不放，並且下意識地做出行動來證明。然後又為了驗證「自己真的是被愛的嗎？」「他到底有多愛我？」等疑問，展開一連串不幸的演出。這也是一般我們常聽到的「鬱嬌行為」。

因為鬱嬌行為使對方感到不耐煩而疏遠自己時，就會認定：「看吧，其實他根本不是真的喜歡我！」「我果然是不被愛的！」證明自己的前提是「正確的」。

如此一來，不僅強化了「我的人生是不幸的」「我是不幸的女人」等前提，也從此掉入負回饋螺旋，過著煩惱不斷的人生。

就像這樣，自尊心較低的女性有著會自己製造出煩惱的傾向。

ILTY VOICE

正是因為過去有被愛的經驗，
才想努力逃避孤獨。

可是，和那些不重視妳的人在一起，
只會感到更孤獨喔……。

消除成見的方法

我已經說明了成見和洗腦是如何形成煩惱的，但更令人關注的是，怎麼做才能消除內心的苦惱與死心眼。

接下來，請大家盡可能去意識到自己的前提與解釋，也就是去關注自己的潛意識。

「自己的問題自己解決！」「負起責任吧！」透過擁有正確的念頭，才能積極解決自己的問題。

準備好了嗎？我要請教大家一個問題！

請大家務必站在自己的立場來回答這個問題。

我在前面談過「選擇」這件事，對現在的妳而言，有沒有什麼是「雖然不想做，卻不得不做的事」？

例如，也許有些人會說：「雖然討厭工作，卻還是得上班。」如果只因為「討厭」這件事就放棄不做，可能會發生什麼事？

只因為討厭的情緒或情感就不去工作，可能會發生什麼事？

如此一來，自己的人生會變得怎麼樣？

自己還能在這個社會上生存下去嗎？

關於工作、關於賺錢，妳是否曾擔心過「自己的行為將成為全數降臨在自己頭上的惡果」這種最糟糕的狀況？還是，目前妳所選擇的是比那更好的做法？

有些人是這樣的，儘管可以在職場上為了一口飯而忍氣吞聲，然而回到父母或另一半面前，卻總是以自我為中心。

在工作上可以忍耐，在感情上卻一味表現出任性。

這又是誰做出的選擇呢？

這一切不都是出於自己的決定嗎？

說到這裡，可能有人會辯解：我都是被迫的，我也無可奈何啊。但這種說法是絕對不可能的。

一〇〇%是自己的選擇。

因為若是討厭，妳也可以選擇「不做」。

「分手」「暴怒」「反擊」「離職」「換工作」，妳應該還有其他的選擇。

那些主張「討厭的事也要忍耐下來」的人，其實只是在做相對好的選擇，而這正是對他們來說更有利的選擇。

「不賺錢怎麼維持生活，人際互動上就忍一點，專心工作就好！」「雖然感到尷尬，但若還能忍就吞下去吧！」「比起成為眾矢之的，不如繼續假裝不幸博取旁人同情！」每個人內心都有自己衡量事物的「尺度」與「基準」，**在每一個瞬間的抉擇，「選擇哪一方對自己比較有利？」絕對都是自己做出的判斷。**

儘管價值觀與行動基準因人而異，自尊心較低的女性卻往往會將人生的惡果歸咎於自己以外的人事物上。

像是「都是主管害自己心情變這麼差」「戀愛不順都是那些男人太爛」「我人生中的不幸都是父母造成的」「養了孩子之後愈來愈沒自信」，不管身邊出什麼狀況，都會進入「不是我的錯」「都是其他人的問題」這種「思考停止」的狀態。

但我想請大家冷靜下來想想，難道影響人生順遂與不順遂的主要原因，真的都和自己無關嗎？

「他都無消無息地沒聯絡我，覺得很失落」「無法專心工作」「因為太沒自信，每段關係都不了了之」「自信不足，談戀愛完全不順利」「男人運好差」「只會惹來奇怪的傢伙」陷在上述情況中時，有些人還是可以讓事情順利發展，有些人卻只會走下坡。

假設讓一百個人都面臨到同樣的挑戰，這一百個人並不會都失敗。雖然遭遇相同，但也有會放棄的人和不會放棄的人。

舉例來說，即使在同一家公司銷售同一種化妝品，也會有業績好和業績差的人。其中或許有人會把業績慘澹的原因歸咎於「我就沒有人家長得好看……」「我的個性……」，或是「天生〇〇就……」。可是另一方面，這些人又曾經為了達到業績做過哪些努力嗎？

說得更精確一點，過不上期望的生活、老是失敗卻不願反省自己的人，只是在過著懶散的人生。

請大家一定要理解到這一點，一直以來不去做任何努力，藉口一堆、又不行動的結果，就是妳目前的狀態。

選擇什麼也不做的結果就是現在的妳，不過就是自作自受這四個字

罷了。

聽我這麼說，很多女性會生氣地反駁：「我已經很努力了！」（笑）。這時我會再問她們：

「假設妳旁邊有一部二十四小時不間斷拍攝的攝影機，當妳在回放錄影畫面，妳有自信說自己任何時候都沒有偷懶或找藉口嗎？妳能夠付出極大的努力，甚至連沒有人看到的時候也拚命努力嗎？」其中大多數人聽完之後只會用「也許我努力得不夠，還要再多加油」來逃避話題，並藉此合理化自己的行動。

要想找回做業績的自信，可以去上化妝品相關課程，透過肌力訓練等方式讓自己變得更亮眼，多讀書加強知識，看電視或動畫來放鬆心情等等，應該要像這樣盡可能去努力才對吧。然而在這一點上總是馬虎了事的女性，只會一邊怪罪別人，一邊說著用不完的藉口而已。

且讓我把話說得更重一點，**如果真的想放下成見，能否轉念想著**

「獨自負起所有責任」「不要怪罪別人」「不是周遭人的問題，結果都是自己造成的」**很重要**。

來找我諮詢的女性中，有的女性抱持著強烈的「他責思考」。

「現在公司的主管超討厭，真想辭職算了，該怎麼辦？」當我建議她：「去想那些妳控制不了的事也沒有用。要是那麼討厭，辭職換個跑道也不錯喔。」對方又會忿忿地表示：「為什麼我非要因為那種人辭職不可呢！」（笑）。

其實，這些女性只是「想要人聽她說話」「想要找到共鳴」「想要有人站在自己這邊」，我非常理解這樣的心情。

然而明明是自己的人生卻無法自主決定地思考，要想讓未來的路變得更順遂無疑相當困難。

其他還包括「我很想分手，但是他不同意，我該怎麼辦？」像這樣把無法分手的責任推卸在男友身上；或是「都約會五次了，他還是沒告白，下次還要赴約嗎？」一味指責無法交往都是因為對方遲遲不開口，或是其實自己並沒有那麼喜歡對方，卻將沒有進一步發展認為是對方的問題……。

夠了吧，別再說是別人的錯，給我振作一點！——我偶爾也想像這樣說說真心話（笑）。

前面稍微離題了。如果各位真的下定決心排除成見，找回自己的人生，當個閃閃發亮、充滿自信的女性，請務必**試著記住並學習我接下來要介紹到的「絕對不是周遭人的錯」，以及「自己負起責任」**。

我認為，一直以來總是怪罪別人、聽不進別人的建議，只認為「我才是對的！」好合理化自身行動的女性，可能會稍微難以理解底下要介紹的內容。妳的人生，是由妳接下來做出的選擇所決定的。請先記住這一點，然後再繼續閱讀以下「排除成見的方法」。

排除成見的方法有三大要點：

一、努力去理解別人

自尊心較低的女性往往從早到晚都竭盡心力在「讓對方了解自己」。每天汲汲營營的就是「想讓對方理解自己」「希望別人多理解自己一點」，並為此大費周章。

「想要你聽我說」「為我撥出時間」「想要你了解我的苦惱」「想要說說自己是怎樣的人」，像這種的就是**「請你、請你」「為我、為我」**這類**「give me精神」**。

「希望對方為了誰撥出時間？」從這個角度來看，顯然不是為了對方吧，而是**「for me精神（人人為我精神）」**。

妳有著什麼樣的「前提」？了解這一點很重要。

愈是本著「for me精神」的人，就愈容易說出「請為我撥出時間」這種話。也就是「請（為我）撥出時間」「請（為我）聽我說」「我（為我）想要見面！」。

雖然嘴上絕對不會說「為我」，但發自內心的真實想法就是基於這個「前提」。

自尊心愈低的女性，視野也愈狹隘。經常滿口地「我呢、我啊、如果是我……」總是從自己的立場出發，容易落入只要自己好就好的偏狹思考，忽略了也該努力去理解別人的想法。

大家會怎麼做呢？當發生了妳「討厭的事」或「看不慣的事」，而妳壓抑不了情緒，這時妳的腦中會想些什麼？

「那傢伙根本不懂」「那個糟透了」「那傢伙在搞什麼！」「他為什麼要來亂！」「他都不聽我說！」「為什麼要搞這齣？」「為什麼這孩子這麼任性？」是不是會像這樣一味地批評別人呢？

愈是疏於去努力理解對方的人，就愈是把「理解我！」視為自身前提。不妨試著回首過往的人生，自己曾經為了去理解別人做出多少努力呢？工作方面、戀愛方面、與同儕友人的關係，甚至是自己的父母或孩子……是不是總是要求別人理解自己的處境呢？

「多體諒我！」「為什麼都不懂呢！」不斷要求他人的人們，以後會變得怎麼樣呢？

接著，請大家試著回想過往五年的人生。

無論是面對父母、家庭、伴侶、職場、朋友，自己曾經試著多努力去理解對方呢？或是，依舊只是努力讓別人理解自己而已？

「我覺得超討厭的」「我現在的感覺是這樣」「沒人在乎我，好寂寞」……沒辦法好好傳達這些想法而就此打住，是否會覺得很難受呢？

讓我們再回到前面那個朝車子丟小石頭的男孩的故事。一開始妳雖然對孩子很生氣，卻在進一步理解他這麼做的理由之後，產生了不同的想法：「孩子只是想幫助媽媽，這也是沒辦法的事」「孩子沒有惡意，真是可憐」。透過理解與做出不同的解釋，就可以體諒對方的處境，改變自己的行動。

所謂的成見，其實大部分都是缺乏理解罷了。因此首要之務就是努力去理解對方，而要做到這一點，建議要**搭配「向對方確認」的行動**。

二、關注重要的人所重視的事物

誰是妳重視的人？家人？父母？伴侶？朋友？孩子？還是妳自己？

不管是誰，都會有一個對自己而言很重要的人。

可是，妳知道這個重要的人平常最重視什麼嗎？

例如他在工作上或戀愛上的價值觀是什麼呢？他在人際關係上重視

的又是什麼呢？

令人意外的是，在我的不少個案中，就算與對方平常感情融洽，或對方是自己十分重視的人，但大多數人對於對方所在意的事物依舊一無所知。

自尊心較低的人還有一個傾向，就是會要求重要的人也同樣重視自己所重視的事物。

舉例來說，自尊心較低的上司往往會對部下擺出以下態度：「在這裡，照規矩辦事可是很重要的」「工作是最重要的」「只不過是小員工還敢跟上司頂嘴！」「你們年輕人要聽前輩的話！」會像這樣反覆強調自己所重視的事物，並且強迫下屬接受自己的想法。

換作父母則是：「學生要有學生的樣子」「為了你的前途只能這樣」「不准說這種任性的話」「現在只要好好唸書就好」「別跟爸媽頂嘴」「我說的你都要聽進去」，說是在「教育孩子」，其實只是將自己的價值觀強行灌輸在孩子身上，互動時也時常採取採取「我們重視的事，你也要重視！」的態度。

妳知道自己重視的人重視什麼嗎？

妳有試著去了解過嗎？妳曾經努力去理解對方嗎？

不是預想或揣測，而是真正地靠近對方，並採取傾聽的態度嗎？

成見愈強烈的人，比起專注於試圖理解對方，往往更著重在要求對方理解自己。

所以，若想排除成見，請試著向妳重視的人確認他內心重視什麼。

將要求對方重視自己所重視的價值觀或思考方式的想法放在其次。

「for you第一，for me第二」，優先考量「為你」，再來才是「為我」。

就像前文中提過「努力去理解別人」，努力去理解對方到底重視什麼，以及所看重的事物。

妳重視的人是誰呢？妳知道那個人「重視的價值觀」是什麼嗎？妳是否試圖去關注他所重視的價值觀呢？

去關注妳心目中重要的人所重視的價值觀，努力去理解他重視的事物吧。

有些人希望有與家人共度的時間，可是這對「常要加班」或「更重視私人時間」的人來說很痛苦。

有些人渴望在事業上取得成就，但是當聽到對方質疑「比起工作，多花點時間和我相處吧」「與其在那間公司鑽營，不如轉職到薪水更好的公司吧」會覺得自己像是被否定般而感到難過。

有些人喜歡看電影、讀小說，徜徉在這類娛樂之中，若妳的回應是「那都是虛構的吧？」「我看你還是務實一點好」，對方也不會想再和妳分享有趣的電影或小說。

有些人不須要太多交談，愉快地待在同一個空間就好，可是妳卻擔心「聊不下去很尷尬」，明明不說話也很好，卻還是不斷找話題，對方只好為難地點頭回應……毫無意義的交談反而讓約會變得很累人。

價值觀因人而異。因此，最該避免的是將自己的價值觀強行加諸在別人身上。首先，只要努力去理解對方就好。理解到「原來他是這樣的人啊」，並且接受對方與自己不同的思考方式。

就算沒辦法產生共感或共情，還是可以試著去理解。

在此補充一點，因為我常被問到：「共感和理解有什麼差別？」所以向大家稍作說明。

所謂共感，是針對對方的「情感」，因抱有「相同的價值觀而感同身受」。順帶一提，同意指的是認同對方的「意見」，所以「意見相同」寫成「同意」。同樣的道理，**「產生共鳴的情感」就是「共感」**。

另一方面，**理解指的是關注對方為何重視那些價值觀或意見，也就**

是試著「靠近」對方的想法。這也就是前面所說的，重視對方所重視的事物。

然後，**因為像這樣朝彼此靠近，最終才可能達到「互相理解」**。

但是別誤解了我的話，妳並不須要勉強自己和對方產生共感，也沒必要委屈自己認同對方的意見。妳只要認識到對方的價值觀是什麼，表達出理解：「原來你重視這樣的價值觀啊」「那我也來試著關注吧！」這樣就好。

必須留意的是，這麼做並不是要妳「扭曲自己的價值觀或放棄自己的獨特性」。

在此請務必小心，有些人就像是總說著「我也這麼想！」「我也認同這個意見！」的「沒問題先生（Yes Man）」，但他們只不過是在自我保護、渴望被肯定，持續扮演著「正確的人」的順從者罷了。

由於從他們身上看不出一個人該有的性格，多數人反而會因此敬而遠之。

三、累積信任基礎

難以排除成見的人的特徵是，腦中雖想著要接受對方，努力去理解對方重視的價值觀，卻在試過幾次後嚷嚷著：「他不肯坦率告訴我」「他不對我敞開心胸」「問了還被嫌棄幾句」「所以我根本無法確認啊！」最後不愉快地放棄。

的確，嘗試去理解對方的努力與行動力值得肯定，但對方是否會「樂意回應妳，或只是冷漠以對」，依舊取決於對方的想法。

大家也不妨仔細想想。

妳會想向討厭的人展現真實的自己嗎？

察覺到對方話語中的嘲諷時，還能坦率說出內心話嗎？

原本攻擊妳的人突然轉變態度，妳不覺得害怕嗎？

對方之所以不願意對妳敞開心房，可能是覺得妳忽然的轉變很可疑，說不定背後藏有什麼目的。「一直以來都只是隨口問一下而已吧」「現在才問是想幹嘛！」「只是虛晃一招吧？」基於對妳長期以來態度上的疑慮，妳很可能得到上述的反應。

簡單來說，**這都是因為妳目前還不是對方眼中足以「信賴」的人**。

然而當妳抱怨「什麼嘛，難得我特地關心，卻吃了閉門羹」，或是表達出不滿，就是做出了從本質上與累積信任基礎截然相反的行動。

「為什麼不願意對我敞開心胸說出真心話呢？」既不去努力理解對方，又一副「都是他不好，虧我還花這麼多時間關心他！」的態度，好合理化自己後續的抱怨，就會掉入老是歸咎於他人的負面螺旋。

只要沒有改變基本心態，要想真正深化與他人之間的感情、讓彼此變得更緊密，無疑相當困難。

為了放下執著，我也希望大家要開始思考關係中看不到的一面，像是「對方與自己可以建立多深的信賴關係？」

人際關係就是一種不斷累積信任基礎的狀態。

在各式各樣的互動中，我們會不斷累積或是消耗信任基礎。

信賴尤其容易受到「不說謊」「遵守約定」「不背叛」這三個基本原則影響。

「說謊會降低信賴基礎」「遵守約定會增加信賴基礎」「不遵守約定會降低信賴基礎」「背叛會降低信賴基礎」，就像儲蓄一樣，一旦對方和自己的信任基礎見底，人際關係也將隨之破裂。

儘管大部分人能夠意識到「要守約定」「要誠實」，可是，「對朋友做得到這一點，對伴侶卻做不到」「在職場上做得到，回到家面對父母卻做不到」。處在不同的立場、情境或面對不同對象時，有些人的態度和做法也會不一樣。

例如在自己孩子面前就擺出家長的架子，時常不遵守與孩子們的約定，最終逐漸失去孩子們的信賴。我認為這通常是因為自己在孩提時代也無法從父母身上感受到充分的信賴基礎，造成內心對親子間的信任感蕩然無存。

說到底，無論是上司與下屬、父母與孩子，還是交往中的男女朋友，若是連三個基本原則中的「遵守約定」都做不到，再多的辯解都只是藉口。為了遵守約定，妳做出了多大的努力呢？因為這正是最顯而易見的信賴基礎。

為了去關注對方所重視的事物，以及努力理解對方，我建議先重新審視妳和對方的信賴關係。

「不管我再怎麼做，他就是不對我敞開心房。」有些女性會這樣抱怨男朋友。但我想請大家試著思考「上戶彩理論」：假設在同樣的狀況下，「他也會在上戶彩面前封閉自己嗎？」

雖然這個例子稍微極端了一點，但是對方絕對不是對世界上所有人都封閉自己，而是因為和你之間的信任基礎太低。只要不改善這種情況，對方永遠都不會對妳敞開心房。請在抱怨之前務必先理解這一點。

親子關係也是同樣的道理。有些前來諮詢的女性提到試圖重建母女的信任關係，「我的確試著去了解母親」「對她說我愛她，也說了希望被愛，可是最後只得到冷淡的回應」。當我請個案重述當時的對話，卻發現她顯然只是在用責備的口氣反覆埋怨著母親「都是妳的錯」。

於是我說：「那是因為母親也只是個平凡人，當妳一味否定她，或是使用強烈的批判字眼，她當然寧可封閉自己，採取冷漠的態度啊。」對方聽後卻氣呼呼地說：「我才是受害者吧！」「我過得才痛苦呢」「那女人根本沒資格當母親！」

很多關係就是在未能充分理解對方也並不了解對方所重視的事物之下，彼此產生歧異，甚至關係走向破裂。

說不定真實的情況是，母親也的的確確打從心底愛著兒女，只是她不明白怎麼去愛，甚至可能耗費幾十年的光陰在尋找正確答案。

從我們出生到現在，始終是以「母親」的角色來看待她。但或許母親過去也曾經在父母的養育下自尊心變得低落。

若能從母親的時間軸往前追溯，其實也是一種愛的表現。我想說的是，不被愛的人往往不懂得怎麼去愛，也不善於表達愛。雖然愛著對方，卻在表達情感上相當笨拙。這就像是手中雖有畫筆，沒有畫布就沒辦法上色是同樣的道理。

但是誰要先付出努力，讓彼此相互理解呢？其實光是能夠主動去理解這一點，就可以放下始終存在於內心的「或許爸媽並不愛我……」的成見。

事實上，要排除成見很簡單，只須要問一句「怎麼做才是成熟大人的應對？」就好。

最好可以主動地坦率表達自己的感受，同時避免流露出讓對方降低

信賴基礎的態度，或是說刻薄的話。

如果妳不知道該如何建立彼此間的信賴關係，並且為此苦惱不已，請別著急，妳只是需要更多的時間。**就算努力去理解對方，也不可能一下子就建立起信賴關係。信賴感會隨著時間與密度產生變化。**

「有沒有什麼方法，可以讓對方第一次見面就暈船？」「要在LINE上聊什麼，才能成為對方的本命？」常有個案在諮詢時問我這樣的問題。可是，在一段關係中只想被愛卻害怕受傷的人，本質上難以建立長久的人際關係。而且無論經過多久，這樣的人都無法真正理解他人。

正因如此，一步步實踐排除成見的三大要點——「努力去理解別人」「關注重要的人所重視的事物」「累積信任基礎」才這麼重要。同時要謹記，妳無法立刻就看到成果。

不管是訣竅或感覺，沒有實際操作或體驗過就不會明白，而努力的過程中，也必然會經歷失敗。我就經歷過無數次的失敗，然後從失敗中不斷反省、改善。也正是因為這樣的過程，讓我得以幫他人解決許許多多的煩惱。只要願意花時間，就可以累積成長的經驗值。

請大家務必建立這樣的心態，找回真正的自己。

請真誠地追求妳真正渴望的理想人生。

在此補充一點，雖然我說人際關係在於信賴基礎，不過，自尊心較低的人就算對別人能做到「不說謊」「遵守約定」「不背叛」這三點，對自己卻往往做不到。有非常多人都會「對自己說謊」「破壞與自己的約定」，甚至「背叛自己」。有些人可能只是單純覺得「自己怎樣都無所謂」，然而這種想法的前提卻是「妳並不重視自己」。因為對自己的信賴基礎相當薄弱，自然地就會連相信自己都做不到。

對自己缺乏自信的人，最好不要在「遵守與自己的約定」這件事上掉以輕心。反覆背叛自身意志的結果，將導致對自己的期待愈來愈低，連日常的活力也會逐步下滑。與此同時，生命力下降的結果還會造成氣場混濁，與旁人逐漸疏離。

所以請大家務必充分實踐「不對自己說謊」「遵守與自己的約定」「不背叛自己」這三個原則。

ILTY VOICE

排除偏見，
並不是為了讓妳不被別人討厭。
而是為了讓妳遇見
喜歡坦率、自信的妳的那個人♪

第六章

自我革命吧！

來吧，自我革命吧！

我在第一章中，已經一一解說過女性**總覺得自己不被愛、被對方玩弄感情，以及不管哪個時代男女往往會錯過的原因**。

在本章，我要告訴讀者的是，男性與女性儘管在性別特質上有所差異但卻並非是造成相互不理解的原因。無法接受對方的價值觀或思考方式，才是導致男女雙方產生歧異甚至錯過的真正原因。此外，堅定地面對自己的價值觀，並且清楚地傳達給對方，即是所謂的「自我揭露」（**self-disclosure**）。再加上不隨意解讀對方的價值觀，「直接確認」對方的真實心意，透過這兩種自覺就能與男性建立起良好而緊密的關係。

第二章介紹的是**心理機制**。

人類的大腦、心靈與身體各有其特性功能，而大多數人往往會受到原因不明的煩惱或壓力所困擾。這就是心理機制發揮作用的結果。但是只要掌握心的特性，就能解決九成的煩惱。

接著說明低自尊心的人為何活得比別人更辛苦。例如談戀愛遇到更多問題、總是想依賴別人、對自己缺乏自信、老是看對方的臉色等等，人之所以總在煩惱的主因便是低落的自尊。

第三章說明**何謂自尊心**。

有些傳統可能隨著時代延續傳承，影響了各位的父母親教育孩子的態度。所以，低自尊心並不是妳自己造成的，妳一點錯都沒有，不須要自責，也沒必要因此怨恨或詛咒自己的人生。

第四章談的是**如何找回失去的自尊心**。

像是與父母相處時該注意的事、可以改善的地方。也讓妳明白，其實妳一直都是被愛的，只是許多父母可能並不擅長表達這分愛。

這個世界如此殘酷，並沒有讓我們學習表達愛的餘裕。努力在社會上生存的現代人某一天突然就成了父母，養育孩子時理所當然地會吃盡苦頭。

正因如此，我希望各位能夠理解自己笨拙的父母。即使是那樣笨拙的父母，也依然在用他們笨拙的方式愛著孩子。

第五章介紹的是**排除成見的方法**。

人生中經常陷入苦惱的許多女性，煩惱往往是因成見而如滾雪球般愈滾愈大。這種成見是由社會常識與對大眾的洗腦所形成的「負面前提」，人們會基於這個前提尋找某種解釋，成見便由此而生……。

我在本章想要提醒大家，只要能夠改寫「傾向尋找某種解釋」的這個前提，情感就會改變、行動也會改變，人生將在轉瞬間出現截然不同的變化。

接下來，在最後的第六章，我將進一步告訴大家**如何找回原本的真實自己**。

我透過YouTube等平臺與活動，不斷呼籲女性要「自我革命」。

我在這裡用了「革命」這個字眼，不知道各位是如何解釋「革命」這個詞的呢？

乍聽之下，革命通常代表著「劇烈的變化」「急速成長」「改變歷史的行動」等意涵。是的，在這當中確實賦予了「自我革命＝變成很棒的自己！」這樣的意義。但還有另一層意義。

提到革命，歷史上發生過許多革命，諸如法國大革命、俄國革命等。

然而，為什麼人們要革命？各位知道嗎？

在那個年代，獨裁者透過掌握絕對的權力實行恐怖政治，因極大的貧富差距而愈過愈苦的老百姓，為了奪回屬於自己的和平生活，為了找回自由與平等，於是起義「革命」。

所以，**革命原本的意思就是**「拿回來」「回復原本的樣子」。我所呼籲的「自我革命」「找回原本的自己」，也有這樣的意涵。

我最喜愛的音樂劇《悲慘世界》，描寫的就是十九世紀法國大革命後的社會動盪，年輕的主角們也參與了革命（我因為太感動，還在劇院裡忍不住放聲大哭）。

話說回來，妳「最做自己的時期」是什麼時候呢？讀高中的時候？還是小學？童年時期？當然也有人覺得是在襁褓時期或三歲左右才「最做自己」。

妳呢？什麼時候妳能夠盡情地做自己？

什麼時候會讓妳快樂得幾乎忘記時間？

什麼時候妳可以不在意周遭眼光，保持情緒高亢，享受當下？

什麼事會讓妳忘情投入，日以繼夜完全沉浸其中？

上述的共通點是什麼？

我記得一段念幼兒園的回憶，當時孩童們全部在廣場上集合，跟著音樂聲一邊跳舞、一邊歡笑。

真的能讓我時時刻刻都忘我投入的事，就是與朋友在一起。大夥一起去唱KTV、玩手遊、拚酒到天亮，每一段都是我內心狂熱的回憶。

上述的共通點就是「與某人分享自己喜愛的事物」。

可能因為我是三兄弟中的老么，和朋友一起出遊時就像被哥哥們照顧一樣令人安心愉快（笑）。

像這樣，**妳可以透過與自己對話，了解自己真正喜歡做的事，並在往後也有意識地從事這些活動，如此就能自然而然樂在其中了。**

ILTY VOICE

妳不須要因為獲得幸福而有罪惡感。
幸福不是得失，只在於快不快樂。
所以，不必拘泥於勝負，也不用執著於得失。
只屬於妳的「喜歡」，就是妳的「中心思想」。

「做自己」是什麼意思？

話又說回來，到底怎樣才是「做自己」？我想這應該是大多數讀者內心的疑問。

在思考做自己之前，我先和大家分享一些須要注意的事。

我們會在勵志演講上聽到「活成自己的樣子」，也常從一些解釋靈性的講者口中或是各種情況下聽到這句話。但也有人因此掉入「活成自己的樣子」這句話的陷阱。

覺得自己並不了解自己的人的共通點，簡單來說就是過度忍耐。

想要活成自己的樣子的人，其實很多都不理解什麼是「自己」。因此那些總是忍耐度日的人，往往覺得只要知道了「活成自己的樣子是什麼意思」，就可以逃離眼前的問題。

於是，很多人也會本於想要走更輕鬆的路而高喊「想要活成自己的樣子！」然後就像「火」和「煙」的故事，因為害怕受傷而不斷逃避，背對自己真正的問題。

再回到本節一開始。

做自己有各式各樣的說法，像是「原原本本的自己」「最初的自己」「真正的自己」「真實的自我」等等。但我所說的**「做自己」，指的是忘記時間、不再顧慮或隱忍、純粹感受快樂的狀態。**

請大家想像一下。

神明突然從天上降臨到妳的眼前說：「妳只剩下二十四小時的壽命了。」由於擔心猝逝會留下遺憾，所以神明才來提前告知妳。當妳只剩下二十四小時的壽命，妳會怎麼度過這最後的二十四小時？

妳會打電話給父母，還是寫信給他們？

向重要的人表達感謝？

狂吃自己喜愛的食物？

處理手邊還沒完成的事？

還是想完成一些人生中沒做會後悔的事？

我想妳肯定是天人交戰。

不管如何，人生剩下的時間都應該過得不讓自己後悔。

不過，我希望大家仔細思考，如果換作是「總是感到憤怒或煩躁」「做不快樂的事」「拖延應該做的事」這三種選擇，妳會怎麼選？

在得知自己明天即將死去，妳還會讓眼前的煩惱困擾著妳嗎？

妳希望人生最後是什麼樣的光景？

我也會在與自己對話時，問自己同樣的問題。

我想在人生的最後去做讓自己感到快樂的事，然後帶著微笑離開這個世界。我想要過這樣的人生。我知道若不這樣過，我的人生肯定會後悔。然後，我也不想再顧慮旁人的眼光，或是看別人的臉色做事，不想被這些世俗觀念所困擾。

有趣的是，我同時明白了，無論是地位、名譽、頭銜、金錢還是充滿壓力的人際關係，在死前那瞬間，所有這一切都是毫無意義的。

比起這些世俗之物，我意識到「摯愛的家人」「享受人生的心」「能夠快樂交流的人際圈」是我在死前真正想擁有的事物。我終於了解到，愉快地感受這個世界，才是我最想要做的事。

我完全不需要地位、名譽、頭銜、金錢、一流的人脈，更何況是那些價值觀跟自己截然不同的人際關係。相較之下，我身邊只要有關心我的家人，以及就算一點無聊小事也能一起開懷大笑的朋友們就好。

於是，我透過與自己對話，察覺到自己存在的理由：**「為了愉快地感受這個世界，我要充滿熱情地活著，並傳遞希望！」**那就是我真正的「做自己」，活成自己的樣子。

這就是我開啟自我革命的瞬間。

雖然有些來諮詢的女性會對我說：「ILTY老師好厲害」「能做到真不簡單」，但其實每一個人都能這麼做到。

我不是終於發現了怎麼做自己，只是找回我自己。更簡單地說就只是「我想起了我自己」。**我並不是憑空生成一個自己存在的理由，那些不過是我將自己一直以來感受到的價值觀與內心想法，以言語具體表達出來罷了。**

「想要對別人微笑」「想要傳達出內心的情感」「想要付出更多的愛」「想要帶來開朗與活力」，妳呢？也曾有過這樣的心意嗎？「小時候就沒辦法丟下須要幫助的人不管」「小學時大家總是玩在一起」「讀國中時從事喜愛的活動比什麼都投入」「上了高中，比起念書更想取悅別人」……每個人內心深處都有渴望的真實情感。

而想不起這些渴望以及「自己真正樣子」的妳，很可能是被父母親友或伴侶所壓抑著。

但就算忘記了那些事，妳也絕對和我一樣，內心擁有讓自己感到興奮、充滿熱情與活力的自我。

所以為了回想起那個自我，不斷與自己對話很重要。

如果從今以後能夠這樣生活，直到死前就都能過著妳內心渴望的生活，度過不後悔的人生。

那麼，我想再問大家。

妳認為理想的「最後的瞬間」與「現在的生存方式」，可以畫上等號嗎？

雖然知道這樣的人生很棒，卻依然沒有採取相應的行動嗎？

妳現在是否有對誰懷著怨恨，或是感到煩躁不安，想要說的話總是說不出口？要是妳處在這種狀態，我希望妳針對這部分盡可能與自己對話。

我希望妳透過與自己對話，找回當初那個不被時間追著跑，既不忍耐也不瞻前顧後的開心的自己。

活成自己的樣子，並不只是妳的事，也會連帶影響妳周遭所有人。

請以身作則告訴妳的孩子，或是妳未來的孩子：「長大成人是很開心的喔！」

現代社會在資訊洗腦等影響下，耳邊充斥的淨是「長大成人很痛苦啊～」「大人很辛苦的～」「能自由自在的時光也只剩現在了喔～」這類言論。

於是在這個時代，從學校老師到撫養孩子的父母親，都把忍耐視為理所當然，並且累積著龐大的壓力，人生也變得愈來愈不快樂。然後再本於善意地教育孩子們：「這個社會可是很殘酷的喔！」

各位又是如何呢？妳會反覆向自己的孩子釋放出「大人很辛苦！」這種負面訊息嗎？還是讓他們感受到「長大了好快樂！」這種充滿希望的未來？真實的情況是哪一種呢？而妳發自內心的真心話又是哪一種？

如果妳想給出希望，那麼，妳現在的「態度」「表情」「價值觀」

和「生活方式」，是否能給予孩子希望呢？

ILTY VOICE

即使有人可以奪走妳所擁有的一切，
也奪不走妳的自尊心。

即使眼前一片絕望，
只要不放棄，希望的光就絕對不會熄滅。
直到人生逆轉的那一刻，妳絕對不能放棄喔♪

坐而言，不如起而行

每當我說到「傳遞希望」這句語，人們往往會說：「我也不是想出名，只是希望在戀愛、工作、與父母的關係，以及自己的事情上好好努力。所以根本沒辦法像ILTY老師那樣參與公開活動。」（笑）。

我在前一節建議各位的並不是多了不起的事，也不像擔任救援志工那樣是多偉大的使命。

雖然稍微有點突然，但我想問大家有沒有聽過**「麥拉賓法則」（the rule of Mehrabian）**？

這是美國心理學家麥拉賓（Albert Mehrabian）針對人際溝通過程中，當對方接收到相互矛盾的訊息，可驗證其中何者優先傳達給對方的一項理論。

根據這個法則，人在進行溝通時，對方會優先接收到三種訊息：

● 視覺訊息↓說話者的外表和手勢、臉部表情、說話者的視線等。
● 聽覺訊息↓說話者的聲量、語調、口氣、語速等。
● 語言訊息↓話語本身的意涵、談話內容等。

三種訊息不一致時，接收到的強弱程度依序為視覺訊息（五十五%）、聽覺訊息（三十八%）、語言訊息（七%）。

語言居然是最不容易傳達給對方的訊息，這實在很驚人。大多數人都認為談話內容很重要，實際上語言訊息在整場談話中的貢獻度才七%。

更簡單地說，就算妳開口跟對方說「喜歡你」，對方也只接收到實質上「喜歡你」的七%而已。然而，是誰開口說「喜歡你」？是以怎樣的心情說的？當場流露出的認真與情感強烈嗎？相較於話語，這些因素顯得更為重要，足足占據剩下九十三%的影響度。

比起妳說了什麼，「給對方留下什麼樣的印象」更重要。

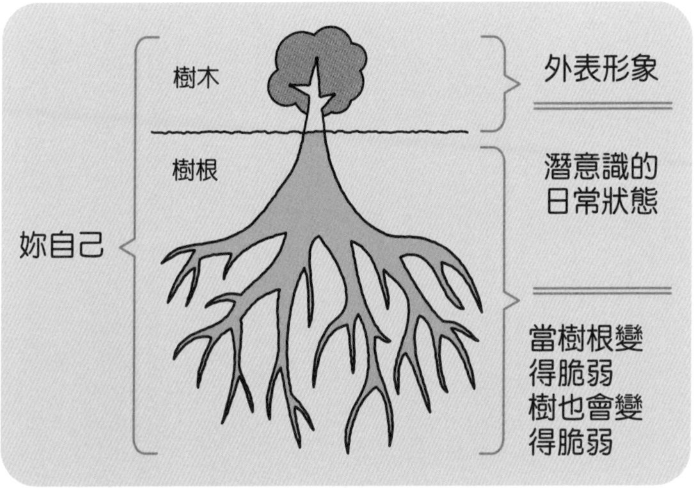

大家想必也都看過這種人，不知為何，說話內容和表情完全搭不上，嘴巴說著「要有活力」，卻擺出一張厭世臉，不管談話內容再精采都完全無法傳達出活力這件事。

可見大家都是在不知不覺中，以言語之外的九十三%其他因素與外界進行溝通。

雖然無法斷言麥拉賓的實驗足以涵蓋所有溝通交流，但請務必理解到，潛意識中非語言的**「日常狀態」**的的確確會傳達給對方。

關於非語言的**「日常狀態」**，我想用「樹木」與「樹根」為例來向大家解釋。

「樹木」部分是妳面向世界表現出來的態度，而「樹根」部分則是妳的潛意識。

在大自然中，大樹是從樹根開始長大茁壯，因此可以假設當樹根出現病害、變得脆弱，樹木也會出現病害、變得脆弱。

換作是人處在這種脆弱的狀態，我們完全可以想像，不管是談戀愛或做其他事都會很辛苦。

不過，大部分女性往往會忽視藏在土中的樹根，只在意眼前的樹木，一味地打理外在，妝點出亮麗的一面。

彷彿脆弱樹木般的自己，的確會讓談戀愛變得更辛苦，也不容易引人注意。但是讓自己看起來光鮮亮麗，還是一件非常美好的事。可是某天突然間，樹木因為天災或事故傾倒，之後再生長的樹木也能同樣光鮮亮麗嗎？從脆弱樹根長出來的還是脆弱的樹木。這也是發生在許多女性身上的現象，而且是一次又一次地重蹈覆轍。

舉例來說，妳曾發過這樣的牢騷嗎？

「我又犯同樣的錯誤了」「又發生類似的困擾」「我老是為這種事煩惱」「剛開始相處得還不錯，突然就吹了」。不管表面工夫做得多好，只要本質的樹根沒變，現實生活中的妳理所當然會出現和樹根同樣的問題。

明明內心一點自信也沒有，就算佯裝出自信滿滿的態度，一旦發生狀況，剝下了掩飾的外表，就會顯現出原本缺乏自信的真實自我。

本質上明明是個容易忍耐、感到挫折的人，儘管滿臉笑容，努力在言談間保持開朗，一旦發生狀況，摘下了掩飾的面具，就會顯現出那個一味怪罪別人的真實自我。

即便做足了表面工夫，只要潛意識的樹根沒有改變，實質上來說現

實就不會改變。

前面提到的「麥拉賓法則」指出，「在對方接收到的訊息中，非語言的本質部分就占了九十三％」。**這九十三％即是妳的「樹根」。無論形象包裝得多好，依舊掩飾不了妳的本質**。

這也會帶給對方一種異樣感。雖然話說得很漂亮，仍予人不可靠或難以信任的印象。

妳周圍的人說不定早已察覺到這一點。

「雖然和他第一次見面時彼此感覺很好，但約過會後他就再也沒聯絡了。」例如遇到這種情況時，對方可能是在當下感受到妳的異樣感，約會時也只是在勉強迎合而已。

因此，看不見的樹根非常重要。**比起話語這種光是嘴巴上說說的東西，不如努力去理解自己的「心靈狀態」是如何傳達給對方的。**

我將這種看不見的內心狀態統稱為「身而為人的容器」。

但即便如此，妳也不須要感到自責或苦惱。

我在前面也提過，**重要的是直視成見，自問「真正的自己想過著什麼樣的人生？」「現在的生活方式是自己過去所期待的嗎？」然後想起真正的自己。找回真正的自己，同時磨練心性，就是成長的過程。**

這麼一來，漸漸地，健康茁壯的樹根就會長成大樹，即使遠遠望去也是一棵超群出眾的巍巍大樹。

巍巍大樹能夠吸引人們聚集而來。人們仰望著大樹時內心會油然浮現「我也要活得這麼棒」的願望，這就是能為任何人帶來希望的存在。

重視的家人、戀人、夥伴、孩子，都可以從妳那九十三%的「心靈狀態」感受到這樣的希望。

妳的「心靈狀態」在別人眼中是什麼模樣呢？

為了妳身邊的人，妳想要成為怎樣的存在呢？

我想有些人會開始煩惱「該怎麼做才能提升自我呢？」在本章最後，我想和大家分享一些提升自我的參考。

我想，每個人看到大自然的花草樹木時，應該都會感到很療癒。可是仔細想想，大自然的花草樹木是為了療癒妳而存在的嗎？倘若真有為了療癒人類而存在的植物，感覺應該不太舒服吧（笑）。

花草樹木只是活成了自己的樣子，並非為了任何人而活著。只是努力挺直身軀，活得像自己罷了。要是它們一邊長大還一邊在意旁邊的植物，或是彎起莖幹忍耐，不是很詭異嗎？

所以，為什麼只有我們人類是在顧慮與壓抑中成長呢？

這樣的生活方式會逐漸磨損我們的心靈，讓我們整個人失去活力，表情也變得黯淡無光。當別人看見這樣的妳，還會覺得被療癒，或感受到希望嗎？

首先，為了自己，戒掉妳的顧慮和忍耐。

然後，挺直背脊，活成妳自己的樣子。

想要自我革命，首先妳只須要「全力以赴活出自己的人生」。只要做到這一點就很棒了。

我希望各位都能變成閃閃發亮的女性，都能盡情而從容地享受人生。除此之外，我也希望各位能夠成為幫助妳身邊重要的人的女性。

我也會在一旁為努力的妳加油！

ILTY VOICE

現在，嶄新的重生時刻即將到來。
當準備好放下舊事物、做好可能有所損失的覺悟，
新的邂逅和期望的人生將會到來。

妳的過去並不等於妳的未來，
人生隨時都可以從當下這個瞬間全新展開♪

Let's自我革命！

結語

謝謝大家跟著我讀到最後。

我用「ILTY」這個名字進行各種公開活動，並且宣稱自己「和努力生活的女性與孩子們站在一起！也是他們最棒的啦啦隊！」

但坦白說，我內心真正的想法是：「為了讓未來的孩子們獲得幸福，必須盡可能去拯救可能成為母親的女性們。」

特別是孩子的幸福，基本上都來自於母親發自內心的微笑。

當母親們陷入不幸，自尊心變得低落，生活上充滿了隱忍與顧忌，不但無法活出屬於自己的人生，連雙眼的光芒也會逐漸黯淡下來。而母親處在低自尊心狀態下撫養長大的孩子，自尊心也會變得跟母親一樣低落。在心靈機制中，讓不少人出乎意料的一項結論是：「父母的自尊心＝孩子的自尊心」。

其實這有段小插曲。

那是在我還沒用「ILTY」這個名字公開活動前的事了。當時因為每天電腦裡的待辦事項很多，所以我經常去附近的家庭餐廳工作。

有一天工作到一半，我發現店內角落坐著一家人，全家人的臉色都很差。這時，我聽見一家子中的太太不知為何大罵起先生，那先生嘴上雖說著：「好、好，我知道了啦。」卻不悅地噘起了嘴。這對夫妻之間坐著一對小兄弟，看起來不過四、五歲大。

我看見那對兄弟時，不禁大受衝擊。兩個孩子的臉上一臉漠然，沒有半點笑容。

在餐點送上桌之前，兩個小男孩好像反覆察言觀色般一直盯著母親的臉。等到終於可以開動，兩兄弟正要用餐時，那名母親又朝他們吼道：「不要用叉子，用筷子吃！」兩張小臉於是變得更加黯淡，靜靜地換了筷子後，一言不發地扒著眼前的飯菜。

看著那對兄弟，我彷彿看見了過去的自己。

每天都在窺探別人的臉色，對人們的反應戰戰兢兢，「絕對不可以失敗」的念頭像強迫症一樣深植在我的腦海中。回想當時的自己，真的活得好辛苦。

這時我的腦中又冒出另一個疑問。

我有幾個外甥，年紀就和家庭餐廳中那對小兄弟差不多。

不一樣的是，每次和他們見面時，他們都笑得很開心，還要求我施展「無限抱高高之術」，所以我都叫他們「幸福黑心企業」（笑）。

到底為什麼，我年齡相近的外甥們自然流露出來的表情，居然和那對兄弟有著這麼大的差異呢？

一邊是吱吱喳喳、咯咯笑個不停的外甥們，一邊卻是窺探著父母親的臉色、毫無表情的兩兄弟。

這些疑問成了我人生走上全新道路的契機。

「說不定，其中藏著改變人生的答案？」我這麼想著，一回到家就趕緊查閱相關資料。

孩子的自尊心與父母本身帶給孩子的影響有關，以及心靈機制——我四處蒐集各種媒體報導，也從各類書籍中汲取相關資訊，最後我得到的結論是：「母親沒有笑容，孩子就沒有笑容。」

補給孩子們「心靈營養來源」的，正是母親的笑容。因此若母親心情保持愉悅，孩子們也會感到幸福；相反地，母親情緒不佳時，孩子們就會懷疑自己不應該存在於這個世界上。

對於孩子而言，母親的存在就是如此巨大。母親就是神，是孩子們世界的造物主。

小時候，我每次看見母親一臉不高興，或是露出悲傷的表情時，內心就會感到一股無來由的不安。

順帶一提，孩子看待父親時，會先通過母親這道濾鏡。因此母親對於父親的評價，也會深深影響孩子。

於是我明白了，讓未來的孩子們綻放笑容的答案就藏在這裡。我想運用「心靈機制」的概念來拯救這些孩子。而這麼做，也彷彿拯救了我內心深處的那個小男孩，讓我能更快樂地活在這個世界上。

為什麼這個世界對我這麼殘酷？不被父母所愛的我，也無法獨當一面地活著嗎……我的未來沒希望了。我不想再徒勞地煩惱了，只想平靜度過我的人生。

從小到大，我都如此深深苦惱著，這種心情一直延續到我出社會。

正因如此，我不希望更多孩子像我一樣在痛苦中長大成人。

能拯救孩子們的方法，並不是直接把孩子們帶離父母身邊，而是要先拯救那些養育孩子的母親們。當這世上愈來愈多對人生充滿希望、願意讓自己變得更好的女性，也會有更多孩子感受到人生的美好，成為閃閃發亮的存在。

另一方面，如果孩子們在低自尊心的狀態下長大並步入社會，不僅人際關係會時常觸礁，談戀愛也往往會失敗，到頭來只會將責任歸咎在別人身上。結果，這些自尊心不斷受傷的孩子們，就會活得愈來愈沒有自信……。

我也有過類似的經歷。年輕時，為了在社會上獨當一面，我離開了父母的庇蔭，期待來到大城市後可以一個人活得快樂自在。可是因為我的低自尊心，加上生性內向又懦弱，工作不到一個月就遭到前輩霸凌而離職。

儘管也有人會批評那些無法適應社會的人，但其實在日本，許許多多的成年人與孩子都因為心靈機制而活得非常痛苦。

這也導致日本人輕生的比例相當高，僅僅一年就達兩萬人之多，和全世界其他國家相比，是極端驚人的現象。

當然，我們不能把所有原因都歸咎在父母身上，但我的目的是讓更多孩子長大之後不會被這世界打敗，並且賦予那些和我一樣，在童年時期感到痛苦且渴望被拯救的孩子們希望。

雖然我透過以「和努力生活的女性與孩子們站在一起」為主題的個人活動，試圖改變這個世界，但對於正在閱讀這本書的妳，我想傳達的並不是「一起改變世界吧！」或是「一起拯救更多人吧！」這種理念，而是希望妳能在閱讀這本書之後，從此意識到自己應該「努力地活在當下每一個瞬間」。

首先，請先改變自己看待這個世界的眼光。

坦白說，要改變世界非常困難。無論是這個社會、既定的規則與秩序，都有無數看不見卻深深扎根其中的風俗習慣與文化，光靠一個人絕對不可能改變。但是，就算改變不了這個世界，還是可以經由改變自己對世界的詮釋與前提，進而改變自己看待世界的眼光，同時改變存在於心底的世界觀。

有些女性雖曾經歷痛苦的過去，內心傷痕累累，依舊勇敢地活下去。其中或許有人十分痛恨那段記憶，但請不要認定「都是因為那樣的過去，我才會變得不幸」，並因此詛咒自己的人生。曾經歷的那段痛苦記憶，肯定都是妳邁向未來的動力。所以，妳也能拯救如今遭遇到同樣痛苦的人。當那些人的痛苦能夠獲得他人的共感，內心的負擔也會隨之減輕。這麼看來，也可以說過去所發生的各種不愉快經驗，絕對不只是白白浪費掉的人生。

即便世界是不幸的，只要改變自己的詮釋與前提，讓發生在自己身上的事情變得「有意義」，那麼這就是一個任何人都可能被拯救的美好世界。

我們改變不了過去，要改變世界更是困難重重，但是妳依然可以改

變看待自己身處世界的目光。

孩提時代的我，想要拯救的人是母親，並且希望她獲得幸福。我每天都渴望自己能擁有更大的能力，讓她露出發自內心的微笑。

即使是現在，我依舊希望我最重要的母親能夠盡情享受人生，投入這個世界上美好的事物之中。

也因為如此，我不希望未來還會出現更多和我抱著同樣想法的孩子。也因為如此，我希望未來將成為人母或正在養育孩子的母親們，能夠認真地找回原原本本的自己。

從今以後，我依然會透過聲援且同理的方式，持續為「努力生活的女性」帶來希望。

請大家務必藉由發生在自己身上的這場革命，替那些唯有妳你能拯救的人帶來希望。

我每天都會收到大家的感謝留言，以及支持打氣的訊息，也有人說

「想要報恩」。對此，我都相當感激。但我更希望大家能將從我身上獲得的希望，「轉報恩」給更多須要幫助的人。

不是向我報恩，而是將讓妳變得幸福的能量帶給下一個世代，讓孩子們也能變得幸福。

對每一個孩子而言，最棒的能量就是母親發自內心的微笑，以及她看著自己說出「我愛你」三個字。這一點請絕對不要忘記。

不管是誰、不管活到幾歲，即便是上了年紀的人們，內心依舊有個孩子。人不管活到幾歲，本質都不會改變，依舊像個孩子一樣須要被讚美、被肯定、被同理。

正因如此，請各位更細膩地去感受妳身邊重要的人。

請不要忘記，我們無法永遠和所愛之人相伴。所以當他們在身旁，請抱抱他們，並請在能對他們說「我愛你」的時候，這麼跟他們說。

為了帶給廣大女性希望，讓更多人因此獲得莫大的幸福，並且樂在戀愛與育兒的過程，活得坦率而從容，我將持續以「ILTY」這個名字致力於各式各樣的活動。

補充

在此，對於跟著我讀到最後一頁的大家，我想要致贈一分小禮物。

我想要把ILTY官方LINE上超過一六〇部付費影片送給大家，作為感謝各位支持的心意。

- 提高自我肯定感的方法
- 直面父母的方法
- 育兒的祕訣

除了以上三種主題影片之外，還包括過去的付費線上演講影片共十一部（全日文）。

此外，我曾詳盡解說如何和自己好好相處、目前仍在販售的《提升女子力的筆記術》一書，也是我想回饋給購入本書讀者的獨家小禮。

請在註冊ILTY官方LINE之後，輸入「女子力向上ノート術」（提升女子力的筆記術）這行訊息，等待回覆即可。

可以掃左邊的QR code，在LINE上加入好友後即可註冊。

若能同時附上您閱讀本書後的心得，對我將是莫大的鼓勵（我一定會回覆大家的）。

ILTY

從這裡加入
ILTY官方
LINE

Note

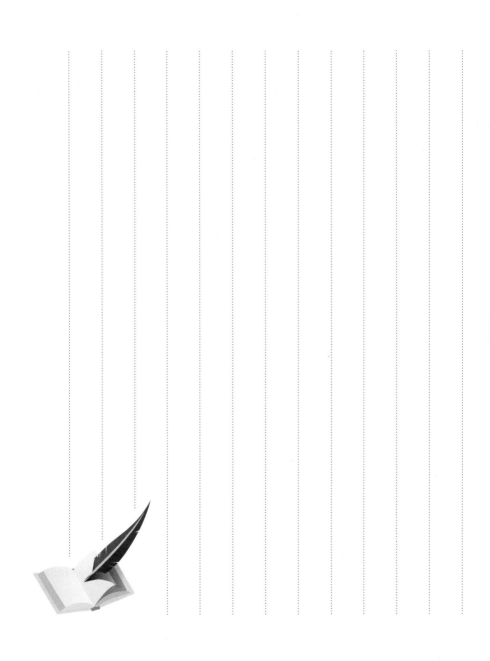

國家圖書館出版品預行編目(CIP)資料

女生要革命：找回耀眼自信,活得閃閃發光,讓戀愛與人生心想事成!/Ilty作；周奕君譯. -- 初版. -- 新北市：世潮出版有限公司, 2024.06
面；　公分. -- (暢銷精選；88)
ISBN 978-986-259-086-7(平裝)

1.CST: 女性心理學 2.CST: 兩性關係
3.CST: 自我實現

173.31　　113002056

暢銷精選88

女生要革命：找回耀眼自信，活得閃閃發光，讓戀愛與人生心想事成！

作　　者／ILTY
譯　　者／周奕君
主　　編／楊鈺儀
封面製作／林芷伊
出 版 者／世潮出版有限公司
地　　址／(231)新北市新店區民生路19號5樓
電　　話／(02)2218-3277
傳　　真／(02)2218-3239（訂書專線）　單次郵購總金額未滿500元（含），請加80元掛號費
劃撥帳號／17528093
戶　　名／世潮出版有限公司
世茂網站／www.coolbooks.com.tw
排版製版／辰皓國際出版製作有限公司
印　　刷／傳興彩色印刷有限公司
初版一刷／2024年6月

ＩＳＢＮ／978-986-259-086-7
EＩＳＢＮ／9789862590881 (EPUB) / 9789862590874 (PDF)
定　　價／370元